LA AUTORIA Y LA PARTICIPACIÓN ESTUDIO DE CASOS

POR:

JORGE ARTURO ABELLO GUAL

2022

DEDICATORIA:

A la memoria de mi madre.

A mi esposa Johanna y a mis hijos, Carolina y José Ignacio

TABLA DE CONTENIDO

1. **LA AUTORÍA Y LA PARTICIPACIÓN DOLOSA**
2. **LA AUTORÍA Y LA PARTICIPACIÓN CULPOSA**
3. **AUTORÍA Y PARTICIPACIÓN EN LOS DELITOS EMPRESARIALES**
4. **AUTORIA Y PARTICIPACIÓN EN LA RESPONSABILIDAD PENAL POR EL PRODUCTO.**
5. **AUTORÍA Y PARTICIPACIÓN EN EL DELITO DE PECULADO.**
6. **LA RESPONSABILIDAD DE LOS SUPERIORES EN EL MANDO MILITAR**

7. LA AUTORÍA Y PARTICIPACIÓN EN LOS DELITOS SEXUALES

LA AUTORÍA Y LA PARTICIPACIÓN DOLOSA

AUTORES Y PARTÍCIPES EN LA LEY PENAL.

Los delitos que se realizan al interior o a través de las sociedades son un verdadero reto para el derecho penal, pues el principio de responsabilidad individual surge como un derecho, que evita que las autoridades judiciales, le imputen responsabilidad a todos los miembros de una sociedad mercantil involucrada en una investigación penal, sin que exista prueba de la culpabilidad de cada uno de los investigados (Artículo 29 de la Constitución).

De conformidad con el principio de la responsabilidad individual, cada sujeto es responde por su grado de participación en los hechos, y por el grado de culpabilidad con que los cometió. Igualmente, se debe respetar por una parte, la garantía de la prohibición de la aplicación de la responsabilidad objetiva, que en el ámbito penal se encuentra consagrada en el artículo 12 del Código Penal; por la otra, los límites que impone la teoría de la imputación objetiva, que señala que la mera causalidad no es suficiente para la imputación de una conducta punible (Art. 9 del C.P.).

Teniendo en cuenta lo anterior, cuando el ente investigador tiene serios indicios que al interior de una sociedad mercantil se están realizando actividades ilícitas, debe realizar una investigación previa para lograr determinar su estructura societaria, y la conformación de los órganos de la sociedad mercantil, así como las funciones que desempeñan cada una, si es que pretende llevar a juicio a alguna persona natural por los hechos realizados. En esta investigación deberá tener claro las siguientes situaciones:

a) Debe establecer de conformidad con la Ley y los Estatutos cuáles son los órganos directivos, cuáles son los órganos encargados de la administración general, cuáles son los órganos que ejecutan las directrices y cuáles son los órganos de control y vigilancia.
b) Igualmente, debe establecer cuáles son las funciones asignadas a cada órgano en la Ley y en los estatutos.
c) Y por último debe determinar qué personas conforman dichos órganos.

Una vez culminada esta etapa previa, el funcionario judicial debe iniciar el análisis jurídico de los hechos, para poder determinar, además de los delitos que se cometieron, la posible participación de cada miembro en la comisión de una conducta punible, y eso debe hacerlo, de conformidad con los criterios de imputación, que rigen las instituciones de la autoría y la participación, en el Código penal colombiano.

De acuerdo con el estatuto penal colombiano (art. 29), son autores los que realizan la conducta punible por sí mismo o utilizando a otro como instrumento. También se menciona en el texto citado, que son coautores los que, mediando acuerdo común, actúan con división del trabajo criminal, y que el aporte que realiza al hecho, sea de importancia significativa para la comisión de la conducta punible[1]. Por último, en la norma citada se establece, que también será autor, "quien actúa como miembro u órgano de representación autorizado o de hecho de una persona jurídica, de un ente colectivo sin tal atributo, o de una persona natural cuya representación voluntaria se detente, y realiza la conducta punible, aunque los elementos especiales que fundamentan la penalidad de la figura punible respectiva, no concurran en él, pero sí en la persona o ente colectivo representado".

Por otra parte, el artículo 30 del estatuto penal define como partícipes al determinador y al cómplice. Definiendo al primero como "aquel que determine a otro a realizar la conducta antijurídica"; y al cómplice como aquel "que contribuye a la realización de la conducta antijurídica o preste una ayuda posterior, por concierto previo o concomitante a la misma".

---

[1] Ver sobre el tema VELASQUEZ VELASQUEZ, Fernando. Manual de Derecho Penal parte General. Quinta edición. Ediciones jurídicas Andrés Morales. Bogotá. 2013. Págs. 583-585.

El mismo artículo trae una figura adicional que es el interviniente, que lo define como aquel "que no teniendo las calidades especiales exigidas en el tipo penal concurra en su realización".

DIFERENCIAS ENTRE AUTORES Y PARTÍCIPES EN LA DOCTRINA Y EN LA JURISPRUDENCIA.

De acuerdo con la doctrina, para que exista autor, se requiere que la persona a la cual se le esté imputando bajo ese título, debe tener el dominio del hecho[2], lo que significa, que un sujeto debe tener el poder para adelantar, suspender o aplazar, la conducta punible que ha iniciado, en otros términos, es autor el que domina el sí y el cómo del acontecer

---

[2] La teoría del dominio del hecho, de gran aceptación por parte de la doctrina alemana, española y colombiana, pero a su vez con cierta resistencia de varios sectores, que plantean algunas variaciones a la teoría, consiste en la combinación de las teorías objetivas y subjetivas de la autoría, definiendo al autor, como aquél que dirige a través de su voluntad final el hecho, pero que también realiza un aporte importante, que de no darse no se produciría el resultado típico. JESCHECK, Hans-Heinrich. Tratado de Derecho Penal parte general. Quinta edición. Comares. Granada. 2002. Págs. 701-702; VELÁSQUEZ VELÁSQUEZ. Ob. Cit. Pág. 586; ROXIN, Claus. Autoría y dominio del hecho en el derecho penal. Séptima edición. Marcial Pons. Barcelona 2007. Págs. 350-354; MIR PUIG. Santiago. Derecho penal parte general. Octava edición. Editorial Reppertor. Barcelona. 2010. Pág. 395-400; FERRE OLIVE, Juan Carlos; NUÑEZ PAZ, Miguel Angel; RAMIREZ BARBOSA, Paula Andrea. Derecho Penal colombiano parte general. Editorial Ibáñez. Bogotá. 2010. Págs. 504-511 y 503-505.

delictivo. El dominio del hecho, es el criterio que permite diferenciar a un autor de un participe, en los casos difíciles en los que concurren varias personas en la realización de la conducta punible.

A pesar de lo anterior, es posible encontrar diferentes posiciones en la doctrina y en la jurisprudencia sobre el tema, porque cuando se busca diferenciar los cómplices de los coautores en determinado caso, la teoría del dominio del hecho, sigue siendo una fórmula abierta, que permite abrir en cada caso, una discusión dogmática, conceptual y probatoria. Esto se debe, no solo a que la teoría del demonio del hecho es como un elemento normativo del tipo, que adquiere sentido con la decisión judicial, sino que también, en la dogmática se plantean diferentes corrientes que hacen variar su contenido y sus efectos[3].

---

[3] Al respecto, refiere la Sala Penal de la Corte Suprema de Justicia en la Sentencia del 2 de Septiembre de 2009 (M.P. Yesid Ramírez Bastidas): "En la doctrina penal en el objetivo de dar explicaciones acerca de las manifestaciones de la autoría y la participación se han elaborado las teorías: formal objetiva, material objetiva, subjetiva, del dominio del hecho y en forma más reciente la del dominio del injusto.
A la jurisprudencia no le corresponde tomar partido por ninguno de esos postulados doctrinarios, lo cual no impide que pueda tener acercamientos o distancias, las que deberán darse pero con fundamento en el principio de estricta legalidad consagrado en los artículos 29 y 30 de la ley 599 de 2000".

Por lo pronto, y ateniéndonos a la Ley penal, para que se configure una coautoría se requiere de la existencia de un acuerdo común, de una división de trabajo entre los participantes, y que la entidad del aporte que haga el participante en el hecho, sea de tal trascendencia que sin ella, no se hubiese podido cometer la conducta punible. De este último requisito depende que pueda afirmarse, que determinado participante en la conducta punible, tenga el dominio funcional del hecho, y por lo tanto sea catalogado como coautor. El dominio funcional del hecho implica, que el autor no tiene que tener a su cargo la realización directa del verbo rector, como ocurre cuando se actúa con dominio del hecho, sino que, de acuerdo con una división de trabajo antecedida por un acuerdo común, a cada participante se le asigna una labor dirigida a la consumación del hecho delictivo, que puede ser o no la realización del verbo rector. Por lo anterior, siguiendo lo establecido en el artículo 29 del estatuto penal colombiano, de la importancia del aporte que haga el sujeto al hecho delictivo, depende entonces, que se establezca por parte de la autoridad judicial, que una persona realizó, en calidad de coautor con otros, un hecho delictivo mediando una división de trabajo; o en su defecto, que simplemente contribuyó en calidad de cómplice, a la realización de la conducta de otro.

Aunque parece claro, a través de estos criterios, diferenciar un coautor de un cómplice, en la práctica no deja de presentarse ciertos inconvenientes, porque el dominio funcional del hecho también es un criterio abierto, y ello, debido a que la alusión a "la importancia del aporte", que no deja de ser abstracta, requiere siempre, de la definición judicial en cada caso en concreto. Por esta razón, son los jueces y los Tribunales, los que a través de la argumentación y su poder decisiorio, los que terminan definiendo, si el aporte de uno de los participantes es importante o no, para la realización de la conducta punible, definiendo de esta forma, quiénes son coautores o cómplices en cada caso estudiado.

No sobra decir, que la Sala Penal de la Corte Suprema de Justicia, ha realizado esfuerzos por sentar una definición de coautor, pero aún se encuentran decisiones un poco contradictorias como por ejemplo, la contenida en la decisión del 24 de Abril de 2003, donde la Sala Penal de la Corte Suprema de Justicia definió el concepto de coautor de la siguiente manera:

> "..., son aquellos autores materiales o intelectuales que conjuntamente realizan un mismo hecho punible, ya sea porque cada uno de ellos ejecuta simultáneamente con los otros o con inmediata sucesividad idéntica

conducta típica, ora porque realizan una misma y compleja operación delictiva con división de trabajo, de tal manera que cada uno de ellos ejecuta una parte diversa de la empresa común."[4]

En esta decisión por ejemplo, nada se dice de la importancia del aporte, pero sí en cambio, se crea un "mega-concepto" como el de "la compleja operación delictiva con división de trabajo", que termina por incluir en la figura de la coautoría a todos los participantes de la conducta, omitiendo el contenido del artículo 28 del Código Penal que claramente establece que "Concurren en la realización de la conducta punible los autores y los partícipes." En consecuencia, por mandato legal, el juez deberá diferenciar entre autores y partícipes muy a pesar de existir una "compleja operación delictiva con división de trabajo".

En otra decisión, la Sala Penal de la Corte Suprema explicó el concepto de la coautoría impropia:

"..., cuando una conducta punible es realizada en forma comunitaria y con división de trabajo por varias personas que la asumen como propia, aunque la

---

[4] CORTE SUPREMA DE JUSTICIA, Sala Penal. Sentencia del 24 de Abril de 2003.

intervención de cada una de ellas, tomada en forma separada, no ejecute en forma total el supuesto de hecho contenido en el respectivo tipo penal"[5].

Obsérvese que en ambas decisiones la Sala Penal de la Corte Suprema de Justicia, usa como elemento integrador el concepto de división de trabajo, para incluir dentro de la coautoría todas las conductas que se lleven a cabo con esa característica. En las decisiones antes transcritas, tampoco se hace referencia a la necesidad de valorar la importancia del aporte, y por ello, no queda clara la diferencia entre una conducta realizada por varias personas en división de trabajo, y el aporte que haga una persona a la conducta punible de otra, u otras en calidad de cómplice. En definitiva, en ambas decisiones la Sala Penal de la Corte Suprema de Justicia, prácticamente suprime la posible existencia de la figura del cómplice. Además, la referencia al concepto de coautoría impropia, no es el más afortunado, pues como se puede evidenciar, ese concepto, se basa en la ejecución conjunta de una conducta preacordada; en la asunción voluntaria del hecho como propio (teoría subjetiva de la autoría); y de una ampliación de la figura de la coautoría, a hechos que no

---

[5] CORTE SUPREMA DE JUSTICIA, Sala Penal. Sentencia del 6 de Agosto de 2003.

ejecutan de forma total el precepto penal, y donde no se tiene en cuenta la importancia del aporte[6].

A pesar de los pronunciamientos anteriores, la Sala Penal de la Corte Suprema de Justicia en Sentencia del 2 de Septiembre de 2009, ha incluido dentro del concepto de coautoría, de conformidad con lo establecido en el artículo 29 del C.P., la importancia del aporte, como uno de los elementos esenciales de la coautoría:

> "Lo característico de ésta forma plural está dado en que los intervinientes despliegan su comportamiento unidos por una comunidad de ánimo, esto es, por un plan común, además, se dividen las tareas y su contribución debe ser relevante durante la fase ejecutiva pues no cabe la posibilidad de ser coautor después de la consumación de la conducta punible."

Desde esta definición, ya no basta el acuerdo común y la ejecución mancomunada del hecho, sino que se explica, que el aporte esencial es uno de los elementos que se deben analizar en la figura de la coautoría:

---

[6] Al respecto, VELÁSQUEZ VELÁSQUEZ, Fernando. Derecho Penal. Parte General. Cuarta Edición. Comlibros. Medellín. 2009. Pág. 909.

> "Los coautores por virtud del acuerdo ejercen control en parte y en todo, y lo hacen de manera funcional, es decir, instrumental y el aporte de ellos deberá ser una contribución importante, pues si la ayuda resulta secundaria o accesoria, no podrá hablarse de aquélla forma de intervención sino de complicidad."

Incluso en la citada decisión, se plantea un método lógico para diferenciar entre coautores y cómplices:

> "En dicha perspectiva, y a fines de que la valoración y atribución de una u otra de las modalidades vistas no dependan del juicio arbitrario o subjetivista de los jueces, se requiere para el instituto visto que la aportación sea esencial, valga decir, deberá entenderse aquella sin la cual el plan acordado no tiene culminación porque al retirarla éste se frustra o al compartirlo se lleva a cabo.
>
> (...)
>
> En esa perspectiva teórica y práctica, si al excluirlo del escenario funcional del evento objeto de juzgamiento, éste no se produce, la conclusión a la que se puede llegar sin dificultad es la de la existencia de la

coautoría, y si al apartarlo aquél de todas formas se consumaría, la valoración a la que se puede arribar es a la presencia de la conducta de complicidad."

Esta decisión de la Sala Penal de la Corte, al contrario de las otras sentencias antes citadas, se encuentra acorde con algunas posiciones doctrinales como por ejemplo la de los profesores Fernando Velásquez[7], Salazar Marín[8] y Fernández Carrasquilla[9], donde dichos autores, exponen claramente, que además del acuerdo común y la co-ejecución de la conducta, se requiere que el aporte sea esencial al hecho, de tal manera, que sin la concurrencia de dicho aporte, el plan

---

[7] "..., debe mediar contribución, un aporte objetivo y esencial al hecho, de tal manera que éste sea producto de la división del trabajo entre todos los intervinientes; por ello, se requiere un dominio funcional del hecho, pues cada uno debe ser una pieza fundamental para llevar a cabo el plan general." VELÁSQUEZ VELÁSQUEZ, Fernando. Manual de Derecho Penal. Ob. Cit. Pág. 584.

[8] "No son suficientes, pues, en la coautoría, el común propósito y el reparto de trabajo, pues si la ayuda objetiva no constituye un apreciable grado de importancia material y funcional, en la medida en que suprimiéndola mentalmente haría desaparecer el funcionamiento del hecho en el mundo social, sin fórmulas sustantivas, dadas las circunstancias, no habrá entonces coautoría en la conducta del interviniente." SALAZAR MARÍN, Mario. Autor y partícipe en el injusto penal. Segunda edición. Editorial Ibáñez. Bogotá. 2011. Pág. 171.

[9] "Una contribución personal al hecho es esencial o imprescindible cuando sin ella el hecho se desvanece o desarticula y por tanto no hubiera podido llevarse a cabo en su configuración correcta. Si cada coautor asume una parte esencial de la ejecución –que por sí misma habría de valer al menos como tentativa punible-, entonces el rol de cada uno es equivalente al de los otros." FERNANDEZ CARRASQUILLA. Juan. Derecho Penal Parte General. Teoría del Delito y de la Penal. Vol 2. Bogotá. 2012. Pág. 853.

delictual no se hubiese llevado acabo. Incluso, a estas posturas se puede sumar algunas posiciones jurisprudenciales del comparado sobre la coautoría, como por ejemplo, el Tribunal Superior de España define que en en los casos de coautoría, el dominio sobre el hecho se convierte en un codominio o dominio funcional, cuando todas las personas que intervienen en el delito, controlan el resultado, pues su ocurrencia depende de los aportes que haga cada persona de acuerdo con la división de trabajo[10]. Con todo lo anterior, podemos ver, que la importancia del aporte termina siendo un factor determinante en la figura de la coautoría, pues permite diferenciar entre coautores y cómplices de una conducta punible.

Por último, y para cerrar el tema de la coautoría, se adiciona como un elemento adicional por parte de la doctrina, que es necesario, que los aportes al hecho punible además de ser esenciales, deben realizarse en la etapa ejecutiva. Este criterio plantea un límite temporal y material, con el cual se expone, que no se puede imputar como coautor a una persona que solo haya participado en los actos preparatorios del hecho delictivo, esto es un hecho previo a la ejecución y a la consumación del resultado típico, y que por ser preparatorio, además debe ser inidóneo y equívoco. Esta postura es

---

[10] TRIBUNAL SUPERIOR DE ESPAÑA, Sentencia Agosto 11 de 2000.

apoyada por Roxin[11], Díaz y García Conlledo[12], Velásquez[13], y Salazar Marín[14].

Este tema es relevante en los delitos realizados en o a través de sociedades mercantiles, toda vez, que en estos casos, la participación plural de varias personas es prácticamente necesaria, partiendo de la base, que estamos hablando de una agrupación de personas que actúan conjuntamente para

---

[11] "..., la figura central del suceso de la acción, en el sentido antes explicado, no puede serlo alguien que no haya tomado parte en la realización de este hecho, sino que sólo haya ayudado a crear las condiciones previas del delito. (...)
"Tampoco cabe decir que alguien que sólo ha cooperado preparando pueda reamente dominar el curso del suceso. Si el otro obra libre y autónomamente, en la ejecución él queda dependiendo de la iniciativa, las decisiones y la configuración del hecho del ejecutor directo. En la cooperación conforme a la división del trabajo en la fase ejecutiva ello es completamente distinto: aquí las aportaciones parciales se imbrican de manera que cada uno depende de su compañero y el abandono de uno hace fracasar el plan". ROXIN, Claus. Ob cit. Págs. 325-326.

[12] "..., es evidente que la realización personal de todos los hechos ejecutivos (cumpliendo el resto de los requisitos típicos, de la naturaleza que sean), de todo el proceso que conduce al delito, es autoría." DIAZ Y GARCÍA CONLLEDO, Miguel. La autoría en el derecho penal. Leyer. Bogotá. 2009. Pág. 440.

[13] "pero sí es necesario a no dudarlo, que el aporte esencial se realice en la fase ejecutiva de la misma, pues de lo contrario se estarían penando aportaciones en las fases previas en contravía de un Derecho penal de acto y dándole cabida a indeseables concepciones subjetivas en esa materia" VELÁSQUEZ VELASQUEZ, Fernando. Manual de derecho penal. Ob. Cit. Pág. 584.

[14] "De todos modos la intervención en la fase preparatorio no basta para deducir coautoría, puesto que a ella debe ir unidad la tarea de la ejecución mediante la división del traba y su naturaleza objetiva, pues quien realiza actos preparatorios debe también desempeñar un papel activo en la ejecución para que se le considere coautor." SALAZAR MARÍN, Mario. Ob. Cit. Pág.181.

desarrollar un objeto social inicialmente lícito, y por ello, se requiere tener claros elementos esenciales de la figura de coautoría, para poder diferenciar entre coautores y partícipes, los cuales son de acuerdo con la Ley, y con todo lo analizado anteriormente los siguientes:

a) Acuerdo común, que determina la intención de las partes, los aportes de cada uno, y por tanto, el límite de la responsabilidad por excesos en el plan.

b) División de trabajo, que establece una asignación de tareas a cada uno de los participantes en el hecho delictivo, que permita evidenciar la co-ejecución – coordinada- de un acto conjunto desde el punto de vista objetivo, permitiendo con esto, que no exista la necesidad de que todos realicen el verbo rector para que sean catalogados como coautores del hecho punible. Igualmente, que exista una relación funcional desde el punto de vista social y normativo que permita relacionar la labor encomendada a cada participante, con la comisión de un hecho delictivo.

c) Que el aporte sea esencial, es decir que el participante realice una tarea de tal importancia, que se pueda concluir, que sin ese aporte, la conducta punible no se hubiese podido realizar.

d) Y que el aporte sea realizado en la etapa de ejecución

del acto delictivo.

LA AUTORIA Y LA PARTICIPACIÓN EN EL DELITO CULPOSO.

1. INTRODUCCIÓN.

El presente trabajo busca determinar cuáles son los criterios materiales más apropiados para establecer la responsabilidad penal individual en los supuestos en que varias personas que, como grupo funcional, intervienen en un comportamiento que ocasiona por acción u omisión un resultado típico a título de imprudencia (art. 23 C.P.). Y para ello, se abordará el estudio de las construcciones dogmáticas que sugieren la aplicación de la distinción entre autores y partícipes en el delito imprudente[15].

---

[15] FEIJOO SANCHEZ, Bernardo. Derecho penal de la empresa e imputación objetiva. Cámara de Comercio de Madrid. 2007. Págs. 233-248; FEIJOO SANCHEZ, Bernardo. Cuestiones actuales de derecho penal económico. Bdf editores.2009 págs. 38-48; MIR PUIG, Santiago. Derecho Penal parte general. Quinta edición. Tec foto. 1998. Págs. 368-372; CORCOY BIDALOSO, Mirentxu. El delito imprudente. Segunda edición. Colección Maestros del Derecho penal No 10. Bdf. 2008. Págs.334-357; ROSO CAÑADILLAS, Raquel. Autoría y participación imprudente. Estudios de derecho penal. Editorial comares.2002. 501-606; TERRAGNI, Marco Antonio. Autor, partícipe y víctima en el delito culposo. Rubinzal-culzoni editores. 2008. Págs.167-195; SILVA SANCHEZ, Jesús María; autoría delictiva en las estructuras organizadas. En SILVA SANCHEZ, Jesús María; SUAREZ GONZALEZ, Carlos. La dogmática Penal Frente a la criminalidad en la administración pública. Biblioteca de autores extranjero 7. Grijley. Instituto peruano de ciencias sociales. 2001. Págs. 13-59. Pág.19; SAENZ CANTERO CAPARRÓS, José. La codelincuencia en los delitos imprudentes en el código penal de 1995. Marial Pons. 2001. Págs. 133-163; SUAREZ SANCHEZ,

La controversia sobre el tema surge porque parte de la doctrina alemana y española coinciden en establecer que las categorías de autores y partícipes son propias del delito doloso, y no pueden aplicarse al delito imprudente[16]. En consecuencia, mientras en el delito doloso se maneja un concepto de autor limitado o restringido[17], en el delito culposo

---

Alberto. Autoría. Externado de Colombia. 2007. Págs. 539-548; JAKOBS, Gunther. Imputación objetiva en el derecho penal. Universidad Externado de Colombia. 1998. Págs.93-97.

[16] Parcialmente CUELLO CONTRERAS, Joaquín. El Derecho Penal Español parte general. Vol. II. Dikinson. 2009. Págs. 423-434; parcialmente CEREZO MIR, José. Derecho Penal parte general. Bdf. 2008. Págs. 955-957; ZAFFARONI, Eugénio Raúl; ALAJIA, Alejandro; SLOKAR, Alejandro. Manual de Derecho Penal parte general. Segunda edición. Ediar y Temis. 2006. Págs. 617-618. VELASQUEZ VELASQUEZ, Fernando. Manual de derecho penal. Cuarta Cuarta edición. Ediciones jurídicas Andrés Morales. 2010. Pág. 581.; BUSTOS RAMIREZ, Juan; HORMAZABAL MALAREE, Hernán. Lecciones de derecho penal. Trota. 2006. Pág. 415; parcialmente FERRE OLIVE, Juan Carlos; NUÑEZ PAZ, Miguel Angel; RAMIREZ BARBOSA, Paula Andrea. Derecho Penal colombiano parte general. Ibáñez. 2010. Págs. 525-528.

[17] El concepto limitado o restringido de autor, es aquel que diferencia entre y partícipes, partiendo de criterios valorativos que permiten fundamentar una diferencia entre las actuaciones de unos y otros, y en consecuencia proponer una diferencia punitiva. En la actualidad, el criterio mayormente aceptado es el dominio del hecho, pero también se han creado otros criterios valorativos como son el dominio del hecho funcional, el dominio de la voluntad, los delitos de infracción al deber –todos estos desarrollados por ROXIN, Claus. Autoría y dominio del hecho en el derecho penal. Sétima edición. Marcial Pons. 2007. Págs. 703-754-, los delitos de dominio sobre el resultado, la pertenencia del hecho, el dominio objetivo y subjetivo del hecho –temas que serán tratados con mayor detenimiento en otros apartes de este trabajo-, como los más relevantes. Sobre el tema consultar entre otros a: DIAZ Y GARCIA CONLLEDO, La autoría en el derecho penal. PPU. 1991. Pág. 42; FERNANDEZ BAUTISTA, Silvia. El administrador de hecho y

se maneja el concepto unitario[18]. El sustento de esta posición parte de que el criterio utilizado por la dogmática para diferenciar entre autor y participe, que es el dominio del hecho[19], fue concebido para el delito doloso y no para el

---

derecho. Tirant monografías No. 519. Tirant lo Blanch. 2007. Págs. 69-77; SUAREZ SANCHEZ, Alberto. Ob. Cit. Pág. 129; QUINTERO OLIVARES, Gonzalo. Parte General del Derecho Penal. Segunda edición. Thomson aranzadi. 2007. Págs. 612-620; VELASQUEZ VELASQUEZ, Fernando. Derecho Penal parte general. Cuarta edición. Comlibros. 2007. Págs. 874-882; MIR PUIG. Santiago. Derecho penal parte general. Quinta edición.Tec foto. 2003. Págs.363-372; GIMBERNAT ORDEIG, Enrique. Autor y cómplice en derecho penal. BdF. 2007.págs. 3-38; BACIGALUPO, Enrique. Derecho Penal parte general. Ara editores. 2004. Págs.459-471; ROXIN, Claus. Autoría y dominio del hecho en el derecho penal. Marcial Pons. 2007. Págs. 53-79; JAKOBS, Gunther. Derecho penal parte general. Fundamentos y teoría de la imputación. Madrid: Marcial Pons - Ediciones jurídicas.1995. págs. 733-742; JESCHECK, Hans-Heinrich. Tratado de Derecho Penal parte general. Quinta edición. Comares. 2002. Págs. 697-699;

[18] De acuerdo con el concepto unitario de autor, es tal, todo aquel que aporte una causa al resultado típico –aplicando la teoría de la equivalencia de las condiciones-, negando de esta forma, la diferencia entre autor y partícipe, y por tanto, la diferencia entre la pena de uno y otro. De acuerdo con esta teoría, también se niega la accesoriedad, entendida esta como la dependencia existente entre la responsabilidad penal del partícipe y el hecho típico del autor. SAENZ CANTERO CAPARRÓS, José. Ob. cit. pág. 33; DIAZ Y GARCIA CONLLEDO. Ob. Cit. Pág.41; FERNANDEZ BAUTISTA. Ob. Cit. Págs.35-37; ROXIN, Claus. Autoría. Ob. Cit. Págs. 23-32; MIR PUIG, Ob. Cit. Págs.360-362.

[19] La teoría del dominio del hecho, de gran aceptación por parte de la doctrina alemana, española y colombiana, pero a su vez con cierta resistencia de varios sectores, que plantean algunas variaciones a la teoría, consiste en la combinación de las teorías objetivas y subjetivas de la autoría, definiendo al autor, como aquél que dirige a través de su voluntad final el hecho, pero que también realiza un aporte importante, que de no darse no se produciría el

imprudente[20], pues como lo señala el autor que desarrolló ampliamente esta teoría, Roxin: "toda categoría de dominio del hecho requiere un actuar final. Así pues, los comportamiento no finales quedan descartados desde el principio"[21].

Por esta razón, se presenta un tratamiento diferente entre un grupo de personas que realizan un delito doloso, y uno que realiza un delito culposo, pues mientras que para los primeros el juez deberá hacer una imputación objetiva y subjetiva a cada interviniente, y a su vez clasificarlos entre autores y partícipes; en los segundos, la discusión se centra en quién aporta una causa para la realización de un delito imprudente y quién no.

Sobre el particular hay autores[22] que manifiestan la necesidad de que las categorías de autoría y participación del delito

---

resultado típico. JESCHECK. Ob. Cit. Pág. 702; VELASQUEZ VELASQUEZ. Ob. Cit. Pág. 878; ROXIN, Claus. Ob. Cit. Págs. 350-354; MIR PUIG. Ob. Cit. Pág. 365; BACIGALUPO. Ob. Cit. Págs. 467-468; GIMBERNAT ORDEIG, Enrique, Ob. Cit. Págs. 101-109; QUINTERO OLIVARES. Ob. Cit. Págs. 616-617; DIAZ Y GARCIA CONLLEDO. Ob. Cit. Págs. 639-645; FERRE OLIVE, Juan Carlos; NUÑEZ PAZ, Miguel Angel; RAMIREZ BARBOSA, Paula Andrea. Ob. cit. Págs. 504-511; FERRE OLIVE, Juan Carlos; NUÑEZ PAZ, Miguel Angel; RAMIREZ BARBOSA, Paula Andrea. Ob. cit. Págs. 503-505.
[20] SAENZ CANTERO CAPARRÓS, José Ob. Cit. Pág. 32; VELASQUEZ VELASQUEZ, Fernando. Derecho Penal parte general. Ob. Cit. Pág.879; FERNANDEZ BAUTISTA. Ob. Cit. Pág. 44; MIR PUIG. Ob. Cit. Págs. 368-371.
[21] ROXIN, Claus. Autoría... Ob. Cit. Pág. 350.
[22] FEIJOO SANCHEZ, Bernardo. Derecho penal de la empresa e imputación objetiva. Ob. Cit. 233-248; MIR PUIG, Santiago. Ob. cit. Págs. 368-372; CORCOY BIDALOSO, Mirentxu. Ob. Cit. Págs.334-357; ROSO CAÑADILLAS, ob. Cit. 501-606; TERRAGNI, Marco Antonio. Ob. Cit. Págs.167-195; SILVA SANCHEZ, Jesús María;

doloso se trasladen al delito culposo, porque tanto el uno como el otro comparten la parte objetiva del delito. En virtud de ello, se exigiría que el concepto limitado de autor adoptado por el legislador[23] deba ser aplicable también al delito imprudente. Igualmente se puede argumentar que si en un delito doloso hay la obligación de otorgar una rebaja punitiva por intervenir en calidad de cómplice, no tiene sentido que quienes colaboran con la realización de un delito imprudente sean imputados como autores y no cómplices, pues ello sería un evidente desconocimiento del principio de igualdad[24].

---

autoría delictiva en las estructuras organizadas. Ob. Cit. Págs. 13-59. Pág.19; SAENZ CANTERO CAPARRÓS, José. Ob. Cit. Págs. 133-163; SUAREZ SANCHEZ, Alberto. Ob. Cit. Págs. 539-548; JAKOBS, Gunther. La imputación objetiva. Ob. cit. Págs. 93-97.

[23] El artículo 28 del C.P., establece: "concurren en la realización de la conducta punible los autores y los partícipes", y luego en los artículos 29 y 30 del Código Penal, consagran las categorías de autores y participes respectivamente, con lo cual, se entiende que el Legislador estableció expresamente que la teoría adoptada en Colombia para la sanción de los que intervinientes en un acto típico, es la autoría limitada, en la cual, el juez deberá en cada caso en concreto, identificar quiénes actúan como autores y quiénes actúan como partícipes. Sobre el tema ver VELASQUEZ VELASQUEZ. Manual de Derecho Penal. Ob. cit. Págs. 582.584; SUAREZ SANCHEZ. Ob. cit. Págs. 91-94; HERNANDEZ ESQUIVEL, Alberto. Autoría y participación. Lecciones de derecho penal parte general. Universidad Externado de Colombia. 2002. 265-287. Pág. 272; PABÓN PARRA, Alfonso. Manual de Derecho Penal parte general. Octava edición. Ediciones Doctrina y Ley Ltda.2011. Págs.428-429; GÓMEZ LÓPEZ, Jesús Orlando. Teoría del Delito. Ediciones Doctrina y Ley Ltda. 2003. Págs. 1210-1212; FERRE OLIVE, Juan Carlos; NUÑEZ PAZ, Miguel Angel; RAMIREZ BARBOSA, Paula Andrea. Ob. cit. Pág.517-518

[24] POSADA MAYA, Ricardo. Actas de discusión de este trabajo. 2010.

Estas posiciones serán desarrolladas en el presente trabajo para efectos de plantear unas conclusiones sobre su aplicación en el ordenamiento jurídico colombiano.

2. PUNTO DE PARTIDA: DOS POSTURAS CONTRARIAS SOBRE LA PARTICIPACIÓN EN EL DELITO IMPRUDENTE.

Como se explicó, existen dos posiciones sobre la participación imprudente en los delitos imprudentes, una Que la rechaza por considerar que todo el que omita el deber objetivo de cuidado y realiza un aporte causal al resultado[25] es autor; y otra que acepta la participación imprudente, adaptando los criterios materiales para delimitar la autoría de la participación[26] según la Ley vigente.

---

[25] Parcialmente CUELLO CONTRERAS, Joaquín. Ob. Cit. Págs. 423-434; parcialmente CEREZO MIR, José. Ob. Cit. Págs. 955-957; ZAFFARONI, Eugénio Raúl; ALAJIA, Alejandro; SLOKAR, Alejandro. Ob. cit. Págs. 617-618. VELASQUEZ VELASQUEZ, Fernando. Manual de derecho penal. Ob. cit. Pág. 581.; BUSTOS RAMIREZ, Juan; HORMAZABAL MALAREE, Hernán. Ob. cit. Pág. 415; parcialmente FERRE OLIVE, Juan Carlos; NUÑEZ PAZ, Miguel Angel; RAMIREZ BARBOSA, Paula Andrea. Ob. cit. Págs. 525-528.

[26] FEIJOO SANCHEZ, Bernardo. Derecho penal de la empresa e imputación objetiva. Ob. Cit. 233-248; CORCOY BIDALOSO, Mirentxu. Ob. Cit. Págs.334-357; ROSO CAÑADILLAS, ob. Cit. 501-606; TERRAGNI, Marco Antonio. Ob. Cit. Págs.167-195; SILVA SANCHEZ, Jesús María; autoría delictiva en las estructuras organizadas. Ob. Cit. Págs. 13-59. Pág.19; SAENZ CANTERO CAPARRÓS, José. Ob. Cit. Págs. 133-163; SUAREZ SANCHEZ, Alberto. Ob. Cit. Págs. 539-548; JAKOBS, Gunther. La imputación objetiva. Ob. cit. Págs. 93-97.

Los autores que niegan la participación en los delitos imprudentes, aceptan que no se puede afirmar de manera absoluta, que todo aquel que concurre en una conducta culposa es responsable de ésta. Por esta razón, plantean, que los criterios de limitación de la responsabilidad individual en la actuación imprudente se basan en la determinación del deber objetivo de cuidado[27] y en la teoría de la imputación objetiva[28], es decir, que los partidarios de esta teoría limitan la responsabilidad penal en las conductas imprudentes determinando quiénes de los participantes omitieron el deber objetivo de cuidado, y a quiénes de éstos últimos se le puede atribuir el resultado. En otras palabras, será autor aquel que cumpla los dos niveles de la imputación objetiva, esto es, que haya creado un riesgo jurídicamente desaprobado y que dicho

---

[27] VELASQUEZ VELASQUEZ, Fernando. Manual de derecho penal. Ob. cit. Pág.435-438; CADAVID QUINTERO, Alfonso. Introducción a la teoría del delito. Dike biblioteca jurídica.1998. Págs. 181-186; QUINTERO OLIVARES. Op.Cit. Págs. 346-354: MIR PUIG. Ob.cit. Págs. 274-286; BACIGALUPO, Enrique. Ob. cit. Págs. 328-331.
[28] ROXIN, Claus. Derecho Penal. Ob.cit. Págs. 362-402; SCHUNEMANN, Bernd. Aspectos puntuales de la dogmática jurídico penal. Monografías módulo penal No. 11. Editorial Ibáñez. Universidad Santo Tomás. 2007. Págs. 19-56; FEIJÓO SANCHEZ, Bernardo. Resultado lesivo e imprudencia. Universidad Externado de Colombia. 2003. Págs. 257-433; JAKOBS, Gunther. Imputación objetiva en el derecho penal. Universidad Externado de Colombia. 1998; JESCHEK. Ob. Cit. Págs. 307-310; QUINTERO OLIVARES. Ob. cit. Págs. 318-323; REYES ALVARADO, Yesid. Imputación objetiva. Tercera edición. Temis. 2005. Págs. 113-177, 212-310; BUSTOS RAMIREZ, Juan; HORMAZABAL MALAREE, Hernán. Ob. cit. Págs. 230-238; MIR PUIG. Ob. cit. Págs.280-286; RUEDA MARTIN, María Ángeles. La teoría de la imputación objetiva del resultado en el delito doloso de acción. Universidad Externado de Colombia. J.M. Bosch Editor. Colombia. 2002. Págs. 304-320; FERRE OLIVE, Juan Carlos; NUÑEZ PAZ, Miguel Angel; RAMIREZ BARBOSA, Paula Andrea. Ob. cit. Págs. 250-262;

riesgo jurídicamente desaprobado se haya concretado en el resultado. De esta manera, todo el juicio de responsabilidad se centra en limitar quiénes cumplen con los elementos del hecho típico imprudente concreto (art. 21 C.P.).

Dentro de esta línea de pensamiento, también resulta como criterio de limitación de responsabilidad, dentro de los partidarios que no aceptan la participación imprudente, la teoría de la concurrencia de culpas, según la cual, si varias personas concurren con su actuación imprudente (violatoria del deber objetivo de cuidado) a la realización de un resultado típico, se entienden todos como autores accesorios, pero el juez podrá disminuir la pena y la indemnización, de acuerdo con el grado de responsabilidad de cada uno (art. 61.3 C.P.).

Por otro lado, la postura de quienes aceptan la figura de la participación criminal en los delitos imprudentes, además de limitar la responsabilidad a través de la determinación de la infracción del deber objetivo de cuidado y la imputación objetiva, buscan adicionalmente, limitarla aún más con la aplicación de los conceptos de la participación. Es decir, exige establecer primero quiénes infringen el deber objetivo de cuidado, para luego establecer, dentro del juicio de tipicidad, quiénes responden como autores (art. 29 C.P.), y quiénes responden como partícipes (art. 30 C.P.), otorgándole a éstos últimos una rebaja punitiva adicional, o, en concepto de algunos autores[29] de la impunidad de la conducta. Esta última postura plantea que la Ley pune la participación dolosa en hechos dolosos, pero no la participación imprudente en hechos imprudentes, toda vez, que de acuerdo con el artículo

---

[29] MIR PUIG. Ob. cit. Págs. 370-372; TERRAGNI, Marco Antonio. Ob. cit. Pág. 183-195; FERRE OLIVE, Juan Carlos; NUÑEZ PAZ, Miguel Angel; RAMIREZ BARBOSA, Paula Andrea. Ob. cit. Pág.526.

21 del C.P., las conductas culposas solo se punen cuando expresamente lo disponga la Ley, y ante la omisión del legislador, de no establecer una disposición legal que castigue penalmente la participación imprudente, permite concluir su impunidad a falta de disposición expresa.

3. ARGUMENTOS DE LA POSTURA QUE NIEGA LA POSIBILIDAD DE IMPUTAR RESPONSABILIDAD PENAL POR PARTICIPACIÓN EN EL DELITO IMPRUDENTE

Los autores[30], que componen la posición mayoritaria en América Latina y en Europa, y que se muestran en contra de la distinción entre autores y partícipes en el delito imprudente parten de varias, premisas que fundamentan su postura jurídica.

La primera de ellas, es que de acuerdo con la estructura del delito imprudente, es autor todo aquel sujeto que infrinja con su actuación un deber objetivo de cuidado, o cree (o incremente) un riesgo jurídicamente desaprobado. En consecuencia, si alguien determina a otro, o coopera con la realización de un delito imprudente será autor porque su

---

[30] Parcialmente CUELLO CONTRERAS, Joaquín. Ob. Cit. Págs. 423-434; parcialmente CEREZO MIR, José. Ob. Cit. Págs. 955-957; ZAFFARONI, Eugénio Raúl; ALAJIA, Alejandro; SLOKAR, Alejandro. Ob. cit. Págs. 617-618. VELASQUEZ VELASQUEZ, Fernando. Manual de derecho penal. Ob. cit. Pág. 581.; BUSTOS RAMIREZ, Juan; HORMAZABAL MALAREE, Hernán. Ob. cit. Pág. 415; parcialmente FERRE OLIVE, Juan Carlos; NUÑEZ PAZ, Miguel Angel; RAMIREZ BARBOSA, Paula Andrea. Ob. cit. Págs. 525-528.

actuación causal supone infringir un deber objetivo de cuidado o incrementar (o crear) el riesgo por encima de lo permitido[31].

La segunda premisa, es que el criterio del dominio del hecho – que es el criterio mayormente aceptado- que permite la diferenciación entre autores y partícipes, fue diseñado exclusivamente para el delito doloso[32], y no podría ser aplicable al delito imprudente, pues el dominio del hecho significa el control del curso causal tendiente a la lesión o puesta en peligro del bien jurídico, control que se encuentra ausente en el delito imprudente cuyo autor, tampoco quiere la realización del resultado.[33]

La tercera premisa consiste en que por coherencia dogmática, consideran necesario mantener el concepto limitado de autor para el delito doloso donde rige el dominio del hecho como criterio diferenciador; mientras que en el delito imprudente se prefiere utilizar el concepto unitario de autor, donde se estableció a la infracción del deber objetivo de cuidado o la creación (o incremento) del riesgo como criterio para establecer quién es autor en los delitos imprudentes[34]. Por lo anterior, será impune, toda persona que no infrinja un deber objetivo de cuidado o se mantenga dentro del riesgo

---

[31] SAENZ-CANTERO CAPARRÓS, José. La codelincuencia en los delitos imprudentes en el código penal de 1995.Marcial Pons. 2001. Págs. 22-23.
[32] ROXIN, Claus. Autoría... Ob. Cit. Pág. 350; SAENZ-CANTERO CAPARRÓS Ob cit. Pág. 35; VELASQUEZ VELASQUEZ, Fernando. Derecho Penal parte general. Ob. Cit. Pág.879; FERNANDEZ BAUTISTA. Ob. Cit. Pág. 44; MIR PUIG. Ob. Cit. Págs. 368-371; BUSTOS RAMIREZ, Juan; HORMAZABAL MALAREE, Hernán. Ob. cit. Pág. 415.
[33] SAENZ-CANTERO CAPARRÓS Ob. Cit. Pág. 33.
[34] Ob. cit. Pág. 31.

permitido, o que incrementando el riesgo, éste no se concreta en el resultado[35].

En resumen, quedará impune todo aquél que instiga la realización de un delito imprudente, pues no es él quién infringe la norma de cuidado. También será impune quién con una conducta ajustada a la norma, coopera a la realización de un delito imprudente, por la misma razón.

Sin embargo, existen posturas como las de Cerezo Mir[36], Zaffaroni[37] y Fernández Carrasquilla[38] que al no admitir la partición en el delito imprudente, consideran que quién determina a otro para la realización de un delito imprudente es un autor mediato doloso; otra postura es la de Gómez Rivero quién considera que, el que coopera con la realización de un delito imprudente puede tener posición de garante, por lo que no respondería a título de acción, sino a título de omisión impropia[39]; situación que en ambos casos terminaría por considerar a los intervinientes en un delito imprudente, como autores y no como partícipes, haciendo más gravosa su responsabilidad penal.

La cuarta premisa parte de que en el delito imprudente, no puede existir el acuerdo entre los participantes y los autores, porque éste acuerdo va con la intención dirigida a la vulneración de un bien jurídico, mientras que, en el delito imprudente esa intención se encuentra totalmente ausente[40].

---

[35] Ob cit. Pág. 36.
[36] CEREZO MIR. Ob. cit. Págs. 956-957.
[37] ZAFFARONI. Ob. cit. Pág. 618.
[38] FERNANDEZ CARRASQUILLA, Juan. Derecho penal fundamental vol. II. Segunda edición. Temis. 1998.pág.411
[39] GOMEZ RIVERO, María del Carmen. La responsabilidad penal del médico. tirant lo blanch 2003. Pags. 409-440.

La quinta premisa consiste en afirmar que los preceptos legales de la autoría y la participación, solo se encuentran referidos para los delitos dolosos y no para los delitos culposos, donde claramente se puede establecer que es autor todo aquel que infrinja el deber objetivo de cuidado determinante para la producción del resultado o aquel que incremente (o cree) el riesgo[41].

Roxin, sobre el punto, considera que en los delitos imprudentes impera el concepto unitario de autor, y que en caso de causación imprudente de un delito doloso, no existiría una complicidad, sino una autoría imprudente, y que el principio de confianza no operaría en los casos en que sea perceptible la inclinación o propensión del autor doloso al hecho delictivo[42].

Por su parte, Welzel afirmó que existen dos clases de tipos de delitos imprudentes, los tipos de causación en los cuales es autor todo aquel que ha aportado algo, a través de una acción imprudente cualquiera, a la causación del resultado. Y los tipos imprudentes de causación con un núcleo finalista de acción, que son aquellos donde es autor, solo puede cometerlos realizando el hecho o acto descrito en el tipo penal[43]. Es decir, que Welzel proponía la teoría de la causalidad para determinar la autoría en la primera clase de delitos imprudentes, pero para la segunda, se hace necesario respetar las limitaciones impuestas por el respectivo tipo penal.

---

[40] SAENZ-CANTERO CAPARRÓS Ob. Cit. Pág. 30.
[41] Ob. Cit. Pág. 31.
[42] ROXIN, Claus. Derecho Penal parte general. Ob. cit. Pág. 1007.
[43] WELZEL, Hans. Ob. cit. Págs. 138-139.

Otro autor alemán, Jescheck niega la posibilidad de admitir la distinción entre autoría y participación en casos de imprudencia inconsciente, por estar ausente en todos los intervinientes la previsión del resultado. En relación con los casos de imprudencia consciente, advierte la posibilidad de realizar la distinción entre autores y partícipes, pero al final, se aleja de esa línea argumentativa, porque la Ley alemana expresamente, solo permite penalizar a los partícipes dolosos de un hecho doloso. En consecuencia, termina afirmando que para la configuración de un hecho imprudente, sólo se requiere la infracción al deber objetivo de cuidado, por lo cual, es autor de un delito imprudente, "todo aquel que, con infracción del cuidado necesario en el tráfico jurídico, coopera a la realización del tipo, de modo que para ser castigado hay que tener en cuenta que, en la medida en que no se trate de un delito de resultado puro (...), debe también cumplir con los elementos de la acción."[44]

Para Cerezo Mir por ejemplo, en el momento en el que se configura el desvalor de la acción y del resultado, se configura la conducta imprudente, por lo que no cabría la participación, cuando ello ocurre[45]. Sin embargo, admite que si cabría participación (inducción, complicidad necesaria y complicidad) para realizar una acción que no responde al cuidado objetivamente debido[46]. Pero, en todo caso, aclara que no puede existir participación dolosa en el delito imprudente, toda vez que el partícipe se convierte en un autor mediato, al considerarse que induce a otro de forma dolosa a realizar un delito imprudente[47]. Tampoco acepta la participación

---

[44] JESCHECK. Ob. cit. Págs. 704-705.
[45] CEREZO MIR. Ob.cit. pág. 955.
[46] Ob. Cit. Pág. 955.

imprudente en el delito doloso, pues considera que en delitos de resultado, el que actúa con imprudencia es autor y no partícipe[48]. Además, si falta el acuerdo de voluntades sobre la realización de la acción, no se puede configurar la participación imprudente en un delito imprudente, pues el sujeto sería autor, a menos que se trate de delitos de conducta o de resultado en los que se describa la conducta, pues en estos casos el comportamiento sería atípico[49].

Una posición muy diferente es la que proponen los profesores Zaffaroni, Slokar y Alagia, quienes afirman que no puede existir participación en los delitos culposos, pues en esta modalidad, todo el que pone una causa para un resultado es autor[50]. Niegan a su vez, la participación dolosa en el delito culposo, pues consideran que quién instiga dolosamente la realización de una conducta imprudente, es un autor mediato y no un partícipe imprudente[51]. E igualmente, se oponen a la participación culposa en un delito culposo, pues, al instigar o al cooperar para la realización de una conducta imprudente, han puesto una causa para la realización del resultado, por lo cual se entienden autores[52]. Para los profesores citados, hay una gran diferencia entre el autor en los delitos dolosos, y el autor en los delitos culposos, en los primeros es autor quién domina el hecho, y en los segundos es autor quién cause el resultado[53].

---

[47] Ob. Cit. Pág. 956.
[48] Ob. Cit. Pág. 957.
[49] Ob. Cit. Pág. 957.
[50] ZAFFARONI, Eugénio Raúl; ALAJIA, Alejandro; SLOKAR, Alejandro. Ob. Cit. Pág. 618.
[51] Ob. Cit. Pág. 618.
[52] Ob. Cit. Pág. 618.
[53] Ob. Cit. Pág. 618.

Otra postura semejante es la de los profesores Bustos y Hormazábal, quienes parten del supuesto de que el autor de un delito culposo no tiene el dominio del hecho, por lo tanto, exponen que en el delito culposo solo pueden existir autores concomitantes o accesorios, y no coautores, pues para que se aplique está última figura se requiere la ideación de un plan común y la distribución funcional del hecho, y ello no ocurre en la conducta imprudente[54]. También niegan la participación en la conducta imprudente, pues ella requiere la decisión de participar en un hecho delictivo, y resulta que en el hecho imprudente, antes y durante la ejecución solo se puede evidenciar la falta de cuidado debido[55] o la voluntad y finalidad de realizar una conducta extratípica (salvar al paciente, operarlo, etc.). En consecuencia según estos autores, para ser punido en un tipo culposo se requiere reunir las condiciones de autor, pues de lo contrario la conducta debe quedar impune[56].

En otra línea argumentativa, pero con la misma finalidad, el profesor Cuello Contreras señala que la punibilidad del partícipe depende en gran medida del conocimiento que éste tenga sobre la conducta del autor dirigida a vulnerar bienes jurídicos, principio que no se aplicaría en el caso del delito culposo, donde la conducta desplegada por el autor no persigue la vulneración de los bienes jurídicos, sino que crea un peligro más o menos remoto de lesión de los mismos[57]. También, argumenta que de acuerdo con la correspondencia entre las penas y los hechos cometidos, se puede entender

---

[54] BUSTOS RAMIREZ, Juan; HORMAZÁBAL MALAREE, Hernán. Ob. Cit. Pág. 415.
[55] Ob. Cit. Pág. 415.
[56] Ob. Cit. Pág. 415.
[57] CUELLO CONTRERAS, Ob cit. Pág. 433.

que la participación sea punida en el delito doloso que es más grave, pero no en el delito imprudente[58]. Apoya a su vez la posición que niega la participación culposa, porque ni el autor ni el supuesto partícipe son conscientes de que están recibiendo ayuda, ni la están ofreciendo respectivamente, y donde en todo caso, la ayuda ofrecida por el supuesto participe puede infringir en sí misma el deber objetivo de cuidado, convirtiéndolo por ello en autor[59]. Y por último, el autor citado se encuentra de acuerdo con que la aplicación del principio de confianza (sobre la autorresponsabilidad del otro) hace difícil la participación culposa, tanto en el delito doloso, como en el imprudente[60].

A pesar de lo anterior, Cuello contreras considera la posibilidad de revisar la aplicación de la participación imprudente en casos puntuales como los delitos realizados a través de las estructuras organizadas[61], y admite en ciertos casos puntuales la coautoría culposa, como el de los policías que hostigando a un delincuente, dispararon conjuntamente, ocasionándole la muerte.

En Colombia, Fernando Velásquez expone que en el delito imprudente no hay autores ni partícipes, solo hay causantes de un hecho imprudente. En consecuencia la imputación de ese resultado al causante sólo se encuentra limitada por la comprobación de que el autor haya violado el deber objetivo de cuidado, pues en una actuación imprudente –según afirma el autor- no hay dominio del hecho[62]. Acorde con esa posición,

---

[58] Ob. Cit. Pág. 433.
[59] Ob. Cit. Pág. 433.
[60] Ob. Cit. Pág. 434.
[61] Ob. Cit. Pág. 433.
[62] VELASQUEZ VELASQUEZ, Fernando. Manual de Derecho Penal

el autor citado plantea que "si en un mismo suceso concurre la imprudencia de varias personas y a cada una de ellas le es imputable objetivamente, de forma total o parcial el resultado producido, ellas serán autoras de su propio delito imprudente; esto indica ya que en estas conductas sólo cabe la autoría principal, y tampoco son posibles ni la instigación ni la complicidad como formas de participación en sentido estricto."[63]

En Colombia también, los profesores Ferré, Núñez y Ramírez, sostienen que en los delitos imprudentes prevalece la teoría unitaria de autor, según la cual es autor todo aquel que contribuya a la producción de un resultado, siempre que su conducta infrinja el deber objetivo de cuidado[64]. Igualmente, consideran que la determinación y la complicidad requieren de un componente subjetivo doloso que no se presenta en los delitos imprudentes. La postura anterior es matizada por los autores citados, bajo el entendido que no todo aporte o inducción a una conducta imprudente merece ser tildada de autoría, por lo que es necesario que se presente una infracción al deber objetivo de cuidado para que llegue a tal grado[65]. Además, consideran que la punibilidad de la participación imprudente requeriría de disposición expresa en la Ley, pues la sanción de los delitos imprudentes sólo se permite cuando ésta lo autoriza. Los autores citados consideran que a pesar de todo lo anterior, es necesario que la teoría restrictiva de autoría tenga efectos también en el delito imprudente, pero no desarrollan dicho argumento[66].

---

parte general. Ob. cit. Pág. 581.
[63] Ob. Cit. Pág. 582.
[64] FERRE OLIVE, Juan Carlos; NUÑEZ PAZ, Miguel Angel; RAMIREZ BARBOSA, Paula Andrea ob. Cit. Pág. 525.
[65] Ob. Cit. Pág. 525.
[66] Ob. Cit. Pág. 526.

En conclusión para los seguidores de esta posición, son autores en el delito imprudente todos aquellos sujetos que sean causa determinante del resultado lesivo, teniendo como único límite las reglas de la imputación objetiva.

Luego de analizar los argumentos de los diferentes autores citados, se pueden plantear los siguientes cuestionamientos:

a) Esta postura, que solo acepta a los autores accesorios en la conducta imprudente, termina aplicando la teoría de la equivalencia de las condiciones para determinar la autoría en el delito imprudente, cuando sostiene que todo el que aporte una causa al resultado sería autor de la conducta, lo que es criticable porque por un lado, las objeciones que se le han formulado a la mencionada teoría son suficientes para propiciar su abandono; y por otra parte el contenido del artículo 9 del C.P. excluye la posibilidad de la aplicación de la citada teoría, al disponer que la causalidad por sí sola no es suficiente para imputar el resultado.

b) Al no admitir la participación en los delitos imprudentes se permite que en los delitos dolosos, los partícipes sean castigados como partícipes, pero fomenta que en los delitos imprudentes los partícipes sean en muchas ocasiones punidos como autores, cuando su impunidad se presenta como inconveniente en el caso concreto.

c) Se vulnera el principio de igualdad, en tanto que, en los delitos dolosos, sí se hace la distinción entre autores y partícipes de acuerdo con el grado de su aporte al hecho típico. Por el contrario, en el delito imprudente todos son considerados como autores, agravándose de esta manera su situación frente a la pena.

d) En cuanto al argumento de que la teoría del dominio del hecho no es aplicable a los delitos imprudente, se debe tener en cuenta lo siguiente: si bien, el autor de un delito imprudente no tiene el dominio final del hecho para la producción del resultado típico, como en el delito doloso, porque en la imprudencia no existe la intención de causar el resultado típico; si se tiene el dominio sobre el hecho extratípico, que puede causar el resultado contenido en el delito imprudente. Además, el autor debe tener la voluntad de realizar ese hecho extratípico. De esta forma, el dominio y la voluntad sobre el hecho extratípico deben ser una condición de imputación del hecho al sujeto, pues de lo contrario, se estaría basando la responsabilidad en la mera causalidad, lo cual, está expresamente prohibido por el artículo 9 del C.P colombiano., y además, se estaría penando actos involuntarios como los actos de mero reflejo, los causados por una fuerza mayor o los producidos por un caso fortuito, y con ello, se estaría abriendo las puertas a la aplicación de la responsabilidad objetiva en el delito imprudente.

e) Casos como el de la persona que determina a otra a conducir de forma incorrecta, produciéndose un accidente en el que muere un peatón, presenta problemas para ser resuelto con base en los parámetros establecidos por la postura acabada de analizar. Pues, para unos autores (Zaffaroni[67], Cerezo Mir[68] y Fernández Carrasquilla[69]), quién determina,

---

[67] ZAFFARONI, Eugénio Raúl; ALAJIA, Alejandro; SLOKAR, Alejandro. Ob. Cit. Pág. 618.
[68] CEREZO MIR. Ob.cit. pág. 956.
[69] FERNANDEZ CARRASQUILLA, Juan. Ob. Cit. pág.411

puede ser considerado como autor mediato de un delito doloso. Para Jescheck[70], debe ser considerado como autor accesorio de un delito culposo. El problema de las anteriores posturas, es que desde el punto de vista dogmático, pueden estar puniendo como autor a una persona, que realmente es un determinador imprudente, y para ello, hay que hacer algunas claridades. La autoría mediata se presenta cuando el hombre de atrás, se aprovecha del instrumento que actúa bajo un error, para realizar su propio delito, en este caso, el hombre de atrás actúa con dolo, es decir, tiene el conocimiento y la voluntad de realizar el delito a través del instrumento. En la determinación culposa, tanto la persona que instiga a otro a realizar un delito imprudente, como la persona que realiza la conducta imprudente, actúan bajo un error vencible sobre el conocimiento de que en su actuar se configuran los elementos típicos de una conducta punible, es decir, ambos actúan bajo un conocimiento errado de la realidad, o actúan previendo el riesgo que genera su conducta imprudente, pero confían en el caso del autor, en que puede evitarlo, y en el caso del determinador, en que el autor puede evitarlo, o en ambos casos, ninguno de los dos prevé el resultado, siendo objetivamente previsible (imprudencia inconsciente). También de ello se desprende una tercera posibilidad, y es la que el determinador actúe por error, pero quién realiza la conducta, se percata de la alta probabilidad de la ocurrencia del resultado, y aún así, continúa realizando la acción dejando el

---

[70] JESCHECK. Ob. cit. Pág. 705.

resultado librado al azar, en este caso, existen dos posiciones, el ejecutor responderá por un delito doloso a título de dolo eventual, y el instigador respondería como autor de un delito imprudente; y la otra posibilidad, es que el delito doloso del ejecutor, excluya la actuación imprudente del determinador aplicando la teoría de la prohibición de regreso que dejaría impune la conducta imprudente del determinador, a menos que cómo lo plantea Jakobs, la persona que determina a otra, tenga una posición de garante o podría prever que su conducta podía aportar eficientemente a la realización de un hecho doloso[71]. En los dos últimos casos, podría admitirse en virtud del principio de igualdad material (artículo 13 de la Constitución), que no se le trate como autor accesorio de un delito imprudente, sino como determinador imprudente de un delito imprudente, o como determinador imprudente de un delito doloso respectivamente, por no poseer en ninguno de los casos la dominabilidad del hecho, y que en virtud del derecho penal de acto, se le otorgue una pena menor que la del autor, advirtiendo claro está, la posibilidad de que se le pueda excluir de responsabilidad valorando la relevancia de la actuación para la comisión del hecho punible de conformidad con el principio de oportunidad.

f) Un caso problemático es aquel, en el que la enfermera que se percató antes de realizar una cirugía, que los instrumentos que van a ser utilizados no han sido debidamente esterilizados, situación que coloca en conocimiento del cirujano, quién a pesar de ser

---

[71] JAKOBS. Imputación objetiva. Ob. cit. Págs. 84-92.

informado previamente dada la urgencia que presentaba la situación del paciente, ordena que los instrumentos sean remojados en merthiolate[72] y decide continuar con la operación confiando en que no se iba a presentar ninguna complicación. Igualmente, el médico ordena suministrar al paciente una dosis de antibiótico de manera preventiva. El paciente luego de la operación es víctima de una severa infección causada por los instrumentos, muriendo posteriormente. De conformidad con la postura de los autores citados, la enfermera puede ser autora accesoria de un homicidio culposo. En el caso planteado, es posible argumentar la configuración de una complicidad, en tanto que la enfermera no tiene el dominio del hecho imprudente, y pese a informar al médico sobre la anomalía, este último decidió asumir el riesgo de continuar la operación en esas condiciones.

g) Por otra parte, también es criticable la posición radical de varios autores, al no admitir de ninguna forma el acuerdo previo en el delito imprudente al considerar que no puede existir acuerdo sobre la realización del resultado típico imprudente. Esa posición no podría

---

[72] "El Merthiolate es una sustancia que contiene mercurio y que alguna vez se usó ampliamente como antiséptico y preservativo en muchos productos diferentes, incluyendo vacunas.
La intoxicación con Merthiolate ocurre cuando se ingieren grandes cantidades de la sustancia o éstas entran en el contacto con la piel. La intoxicación también puede ocurrir si uno constantemente se expone a cantidades pequeñas de Merthiolate por un período de tiempo prolongado." Mediline plus. servicio de la Biblioteca Nacional de Medicina de EE.UU. en la siguiente página web: http://www.nlm.nih.gov/medlineplus/spanish/ency/article/002678.htm

explicar de forma lógica la autoría accesoria, en el caso de los dos enfermeros que conociendo del mal estado de una camilla, asumen conjuntamente el riesgo de cargar en ella a un paciente bastante obeso. La camilla se rompe y el paciente termina sufriendo graves lesiones personales, al caer de frente contra el suelo. Y este es un caso, muy similar al de los obreros que conjuntamente deciden cargar y tirar una viga por un balcón sin cerciorarse de que su conducta fuera a realizar algún daño a un tercero. La viga le termina cayéndole a un transeúnte que por la calle pasaba, causándole lesiones personales. En estos casos, es posible argumentar la coautoría en virtud de un acuerdo previo y una división de trabajo para la realización de una conducta imprudente.

4. ARGUMENTOS DE LAS POSTURAS QUE ADMITEN LA PARTICIPACION IMPRUDENTE.

Existe un sector minoritario pero importante en la doctrina, que considera que las limitaciones dogmáticas que impiden aplicar los conceptos de autoría y participación en la conducta imprudente, no se compadecen con algunos casos que se pueden presentar en el mundo real, donde una persona puede colaborar de manera principal o accesoria a la realización de una conducta imprudente. Por lo tanto, los partidarios de esta línea argumentativa[73] han mencionado que "no parece ni

---

[73] FEIJOO SANCHEZ, Bernardo. Derecho penal de la empresa e imputación objetiva. Ob. Cit. 233-248; MIR PUIG, Santiago. Ob. cit.

dogmática, ni político-criminalmente aceptable que en el ámbito del delito imprudente todas las contribuciones se castiguen de la misma manera y obedezcan al mismo título de imputación"[74] y ello, por seguir una retardada teoría de la equivalencia de las condiciones en el delito imprudente. Es decir, no parece acorde con el principio de igualdad material (artículo 13 C. N.), que en el hecho doloso se haga una diferenciación entre autor y participe, y no en el delito culposo.

Precisamente, uno de los argumentos más fuertes de esta postura, es que la adopción del concepto limitado de autor, en la mayor parte de las legislaciones, obliga al desuso del concepto unitario o extensivo de autor en todas las modalidades de la conducta, incluyendo la imprudente. El inconveniente de esta postura es, como se dijo anteriormente, el dominio del hecho como criterio material que permite diferenciar la autoría de la participación, que fue creado para delitos dolosos, y su aplicación en las conductas culposas genera gran resistencia en parte de la doctrina, porque el dominio del hecho implica la finalidad de causar un resultado, y ello se encuentra ausente en el delito imprudente. Aunque

---

Págs. 368-372; CORCOY BIDALOSO, Mirentxu. Ob. Cit. Págs.334-357; ROSO CAÑADILLAS, ob. Cit. 501-606; TERRAGNI, Marco Antonio. Ob. Cit. Págs.167-195; SILVA SANCHEZ, Jesús María; autoría delictiva en las estructuras organizadas. Ob. Cit. Págs. 13-59. Pág.19; SAENZ CANTERO CAPARRÓS, José. Ob. Cit. Págs. 133-163; SUAREZ SANCHEZ, Alberto. Ob. Cit. Págs. 539-548; JAKOBS, Gunther. La imputación objetiva. Ob. cit. Págs. 93-97.

[74] BENITEZ ORTUZAR, Ignacio Francisco. La participación en el delito imprudente. Distintas formas de abordar el alcance de la participación imprudente en hecho imprudente de otro constitutivo de delito. Junio de 2008. En la siguiente página web: http://vlex.com/vid/38656850. pág.12

como ya se dijo anteriormente, hay quienes consideran[75] que ello no excluye la posibilidad de que el autor de un delito imprudente tenga el dominio sobre el hecho extratípico, que posteriormente se concreta en el resultado típico. Teniendo en cuenta el anterior preámbulo, en el presente trabajo se plantearan algunos de los aspectos más relevantes de esta discusión, para ver sus efectos en la responsabilidad penal de un grupo de trabajo médico.

A continuación, se hará un breve análisis sobre las teorías para fundamentar la responsabilidad penal de un grupo de personas por la comisión de una conducta imprudente, explicando los criterios que se han propuesto desde la autoría para diferenciar entre autor y participe.

Para comenzar, es importante establecer que en la doctrina existen al menos tres escuelas que se esfuerzan por explicar la existencia de la participación en el delito imprudente.

La primera de ellas es la que propone la pertenencia del hecho expuesta por los profesores Mir Puig[76] y Corcoy Bidasolo[77]. Según estos autores, el criterio para diferenciar un autor de un participe no es el del dominio del hecho si no el de la pertenencia del hecho. Es decir, es autor todo aquel sujeto que se le pueda atribuir la pertenencia del hecho y participe al que no. Según Mir Puig "la autoría supone, pues, que el delito es imputable al sujeto como suyo, supone una relación de pertenencia. Esta pertenencia corresponde, en

---

[75] CORCOY BIDALOSO, Mirentxu. Ob. Cit. Págs.334-357; ROSO CAÑADILLAS, ob. Cit. 501-606.
[76] MIR PUIG. Santiago. Derecho penal parte general. Tec foto. 2003. Págs. 365-374.
[77] CORCOY BIDALOSO, ob. Cit. Pág. 353.

primer lugar, al ejecutor material individual al que puede imputársele el delito: cuando es el único causante al que es imputable el tipo (no hay inductores ni ningún otro causante del hecho), porque no existe posibilidad de atribuirle a otro aquella pertenencia."[78] Corcoy, por su parte, afirma que, para que una conducta le pueda pertenecer a un sujeto, es necesario comprobar la dominabilidad del hecho, es decir, "se ha de entender como posibilidad para el sujeto de evitar que el resultado se produzca. A quién no está en situación de impedir un resultado, no le es atribuible este resultado en concepto de autor."[79]

Según los autores antes citados, tanto el delito imprudente como el delito doloso comparten la misma parte objetiva del tipo, acorde con esto, la autoría y la participación también serían aplicables al delito imprudente, y no solo al delito doloso. Las consecuencias de esta teoría permiten que pueda existir coautoría[80], instigación y complicidad en el delito imprudente siempre que se reúnan los requisitos para cada una de esas figuras.

Otra consecuencia de dicha tesis es, como lo explica Mir Puig, que la participación en el delito imprudente debe ser impune, toda vez que en el Código Penal español rige la numerus clausus que establece que los delitos imprudentes solo tendrán pena cuando expresamente lo disponga la ley[81]. Ello implica, que como en el código español, se dispone que las

---

[78] MIR PUIG. Ob. Cit. Pág. 367.
[79] CORCOY BIDALOSO. Ob. Cit. Pág. 354
[80] "el común acuerdo no podrá referirse al resultado, pero sí a la conducta imprudente que puede ser obra conjunta de varios sujetos."MIR PUIG. Ob.cit. pág. 392
[81] MIR PUIG. Ob. Cit. Pág. 397 y 411

conductas imprudentes sólo serán punibles cuando expresamente lo dispone el legislador, al no existir una disposición legal que disponga expresamente que los partícipes de un delito imprudente serán sancionados, se debe concluir su impunidad por atipicidad de la conducta.

Esta última consecuencia no es compartida por Corcoy Bidasolo quien considera que desde el punto de vista de la política criminal, hay ciertos casos de participación imprudente que merecen ser penalizados como por ejemplo, los ocurridos en el Derecho Penal Empresarial[82], como ocurre en la responsabilidad por el producto, cuando los empresarios, que delegan las funciones de control y vigilancia en sus subalternos, pierden el dominio por la producción del resultado, y no pueden ser punidos sino como cómplices de un homicidio o unas lesiones personales culposas, ocasionadas por el defecto en el producto.

La segunda escuela es la que explica la participación imprudente desde el concepto del dominio efectivo objetivo y subjetivo del hecho, a esta teoría se adscriben los profesores Luzón Peña, Díaz y García Conlledo, y Rosso Cañadillas. Según esta escuela, es autor todo aquel que domine objetiva y subjetivamente el hecho, es decir, es autor aquel que decide el sí y el cómo del hecho punible, y cómplice, el que no puede definir esta característica. De esta forma, esta corriente primero establece quién es autor y después se establece si la persona actuó con dolo o imprudencia.

Comenta Díaz y García Conlledo, sobre el dominio objetivo y subjetivo del hecho, "que con independencia de la voluntad del agente, se analiza si la conducta está objetivamente en

---

[82] CORCOY BIDASOLO. Ob. Cit. Págs. 351-352

condiciones de dominar, controlar o determinar el curso de los acontecimientos hacia el resultado."[83] De esta manera el autor antes citado sostiene que el dominio objetivo y subjetivo del hecho es aplicable tanto en conductas dolosas como imprudentes, argumentando a su vez, que un autor imprudente tiene la dominabilidad objetiva del hecho cuando decide el sí y el cómo realizar la conducta imprudente, de tal manera que quien no tenga el dominio objetivo y subjetivo del hecho podrá ser participe en un delito imprudente siempre que se reúnan los requisitos para ello. También, hay que aclarar que, tratándose de un delito imprudente, se hace una corrección en la que "se utiliza el término dominio potencial del hecho, en el sentido en que solo le falta el dolo para ser auténtico dominio, pero que hay determinación objetiva real del hecho."[84] Por su parte, Roso Cañadillas afirma que es autor quién realiza la acción típica descrita en el tipo, y en los delitos de resultado, es autor quién "determina el curso causal, aquél que objetivamente dirija, controle, tenga o caiga en sus manos la acción a la que le es inherente la producción de ese resultado concreto."[85]

La tercera escuela, de porte funcionalista y a la cual se adscribe Del Castillo Codes y Feijo Sánchez, afirman que el concepto de autor se puede explicar en dos niveles: el primero por el dominio sobre la organización y el segundo por el dominio sobre la institución, ambos conceptos desarrollados por Jacobs[86], pero que estos autores adaptan para afirmar

---

[83] DIAZ Y GARCIA CONLLEDO, La autoría en el derecho penal. PPU. 1991. Pág. 627
[84] Ob. Cit. 629
[85] ROSO CAÑADILLAS, Raquel. Autoría y participación imprudente. Estudios de derecho penal. Editorial comares.2002 pág. 538
[86] JAKOBS. Imputación objetiva en derecho penal. Ob. cit. Págs.73-

que en España es admisible la figura del participe en el delito imprudente.

El dominio sobre la organización implica que una persona tiene el deber general de organizar su estilo de vida o sus actividades para que no causen daños a los demás. A esta teoría se le tilda de enmarcar las consecuencias de un concepto unitario de autor pues es autor todo aquel que es competente para evitar un resultado lesivo, por tanto las diferencias en la punición sólo tiene importancia en la individualización de la pena[87].

Mientras que el dominio por la institución se plantea en ciertas circunstancias específicas, en las cuales una persona tiene la obligación dentro de una institución, como por ejemplo la familia, de evitar resultados lesivos. Es decir, el sujeto ya no se encuentra dentro de los deberes generales de evitar que su comportamiento cause daños a los demás, si no que, por la especialidad de su rol al interior de una institución, éste tiene el deber de actuar cuando prevea la ocurrencia de la probable lesión de los bienes y personas que la conforman[88].

Del Castillo expone que "la diferencia entre los deberes surgidos a causa de una responsabilidad por organización y los imputables a una responsabilidad institucional se reduce al contenido prestacional de la obligación: en los primeros está es de carácter eminentemente negativo, de modo que para su cumplimiento basta con evitar que el propio ámbito de organización genere peligros intolerables para terceras personas. En cambio, por lo que se refiere a los segundos, la

---

[87] Ob. cit. Págs. 73-75
[88] Ob. cit. Págs. 73-75

obligación se impone de forma positiva, es decir el Estado reclama (positivamente) de determinados ciudadanos, que concretos peligros, generalmente con tendencia expansiva, se mantengan dentro del ámbito de lo permitido de manera que no lesionen bienes jurídicos. Se trata de deberes que pesan sobre determinadas personas en orden a la evitación de daños concretos, es decir, deberes que se imponen a los funcionarios públicos para la protección o a bienes jurídicos especialmente protegidos, pertenecientes a los ciudadanos o a la sociedad"[89].

Explica Del Castillo que en el delito imprudente se puede aplicar tanto el dominio por la organización, para diferenciar los autores y los participes, pues de acuerdo con dicha tesis, es autor quién tiene el dominio sobre la organización, por tanto, si el riesgo lo configura un tercero, el autor será un partícipe[90]. Por otro lado, en los delitos por dominio de la

---

[89] DEL CASTILLO CODES. Ob. Cit .Pág. 152
[90] "En caso de que lo haga por acción, para que pueda ser considerado autor es necesario que su conducta forme un foco de riesgo del que, directamente, se pueda derivar un resultado lesivo, y que además sea consciente de que su conducta presenta dicha cualidad objetiva. De no reunir estas cualidades su conducta, podrá ser a lo sumo partícipe, (…). Pero si la materialización del peligro se produce como consecuencia de una conducta pasiva del obligado, en este caso el foco de riesgo del que, de forma directa, se ha derivado el resultado lesivo, no lo ha creado él por sí mismo, de modo que en los casos de contribución omisiva, la autoría directa del obligado tendrá lugar cuando, a través de la infracción de los específicos deberes a él dirigidos, se haya producido una expansión del riesgo por encima de los límites tolerados, el sujeto contará con la posibilidad de realizar la conducta a través de la cual se hubiera evitado dicho aumento del riesgo, y éste (el riesgo) no haya sido formado positivamente por un tercero. Por tanto, el citado criterio es válido, también para los supuestos de omisión, pero con carácter

institución, el autor siempre será autor, por la omisión del deber especial, siempre y cuando tenga la capacidad de evitar el resultado[91].

Estos dos conceptos anteriormente explicados, según Feijóo también pueden ser aplicados para del delito imprudente, toda vez que es posible prescindir del acuerdo común que limita a los partidarios del dominio objetivo y subjetivo del hecho, pues para que pueda existir coautoría y participación imprudente en esa teoría, se requiere el acuerdo previo y concomitante al hecho, mientras que en el dominio por la organización basta como explica Feijo que los autores sean conscientes de que están actuando dentro de una organización y en conjunto con otras personas pertenecientes a ella[92]. La crítica a esa postura, es que con la presunción de un acuerdo tácito por el solo hecho de encontrarse en una institución, supondría constituir el dolo del cómplice a nivel de una actuación coconciente, que elimina todo concepto volitivo del dolo[93], en igual sentido, se abriría la

---

negativo. Si el foco de riesgo lo configura positivamente un tercero, el obligado será partícipe." Ob. cit. Pág. 169.

[91] "Distintamente, cuando se trate de una responsabilidad institucionalizada, el obligado será, en todos los casos, autor directo, y ello tanto si su contribución ha sido activa como omisiva, y aun cuando el foco de riesgo sea configurado positivamente por una tercera persona, pues la autoría en estos casos se agota con la infracción del específico deber, destinado a contener determinados riesgos, siempre que, claro está, el sujeto tuviese la capacidad de actuar en orden a la conjuración de tales riesgos y se haya comprometido efectivamente a ello." DEL CASTILLO CODES, ob. Cit. Pág. 169

[92] FEIJOO SANCHEZ, Bernardo. Derecho penal de la empresa e imputación objetiva. Ob. Cit. Pág. 236.

[93] POSADA MAYA, Ricardo. Actas de discusión de este trabajo. 2010.

posibilidad de una responsabilidad objetiva, al presumir que todos los participantes son conscientes de todos los riesgos que se pueden generar en desarrollo de sus actividades, y que se presume que son asumidos de forma tácita por todos.

Otro planteamiento que surge de esta escuela al problema de la autoría y la participación en el delito imprudente, busca matizar la postura de los partidarios de la teoría de la pertenencia del hecho[94], quiénes establecen que es necesaria la existencia, entre los coautores y participes de la infracción de un mismo deber. Frente a esa limitación, Feijo propone que la pertenencia de un individuo a una organización permite que sea consciente de que actúa en conjunto con otros y de sus deberes dentro de una división de trabajo, dicho lo cual, no interesa que los coautores o participes infrinjan diferentes deberes objetivos de cuidado[95].

Una postura que plantea una línea parecida pero desde un punto de partida diferente, es la de Silva Sánchez quien analiza el fenómeno de la delegación y sus efectos en la autoría imprudente en el ámbito empresarial. El autor considera, que la delegación convierte al delegado en el protagonista de la acción, conservando el delegante algunas facultades como la competencia de selección del delegado; la de vigilancia y supervisión de su actuación; la de información y formación; la de dotación de medios económicos y materiales; la de organización y coordinación de la actuación armónica de los delegados; etc[96]. A pesar de la configuración anterior, el hecho de que el delegante incumpla alguna de sus

---

[94] CORCOY BIDASOLO, Ob. cit. Pág. 340.
[95] FEIJOO SANCHEZ. Ob. Cit. Pág. 240.
[96] SILVA SANCHEZ, Jesús María; autoría delictiva en las estructuras organizadas. Ob. cit. Pág.19.

competencias y se produzca un resultado típico -afirma el autor citado-, no responde por autor sino como partícipe, pues ya no ostenta la competencia directa sobre la evitación del resultado[97]. Mientras que el delegado, en caso de no evitar los resultados previsibles y teniendo la capacidad de hacerlo, responderá como autor de una comisión por omisión[98]. Ello según Silva Sánchez es aplicable tanto para delitos dolosos, como para los imprudentes, en los cuales admite la impunidad de la participación dolosa en virtud del artículo 12 del Código Penal español[99]. Para este autor, el criterio material que determina a los autores de los partícipes, es la competencia directa para evitar el resultado, de tal manera, que si un subordinado realiza una conducta, el responsable como autor por comisión por omisión es el superior inmediato del autor en la comisión activa[100]. En todo caso advierte Silva Sánchez, que en los eventos en los que el delegante no le suministre al delegado los medios económicos o materiales para ejercer su labor, y el delegado acepta la función en esas condiciones, produciéndose por esa causa un resultado típico, responderán tanto el delegante como el delegado a título de autores, aunque sobre el tema deja abierta la discusión a que el responsable fuera solo el delegante por no proveer de los medios necesarios al delegado para cumplir su labor[101].

5. TOMA DE POSTURA.

---

[97] Ob. Cit. Pág. 19.
[98] Ob. Cit. Pág. 19.
[99] Ob. Cit. Pág. 19.
[100] Ob. Cit. Pág. 19.
[101] Ob. cit. Págs. 21-22.

Tras el anterior análisis, es posible considerar la necesidad de establecer la diferencia entre autor y participe en el delito imprudente, pues la teoría de accesoriedad limitada así lo exige. En igual sentido, como se ha sostenido en todo este trabajo, no parece adecuado que mientras en el delito doloso (de mayor gravedad en su injusto) se pueda hacer diferencia entre un autor y un participe, en el delito imprudente se siga aplicando el concepto unitario de autor.

También, es necesario aclarar que en la práctica se puede dar una instigación para cometer una acción violatoria al deber objetivo de cuidado sin querer el resultado típico, como en el caso de quién convence a su amigo de pasar un semáforo en rojo colisionando con otro carro produciéndose graves lesiones personales. En igual término, se puede presentar la complicidad en un delito imprudente, como en el ejemplo de quien suministra las llaves de un carro a una persona que no tiene la pericia para manejarlo produciéndose posteriormente un accidente que genera unos resultados típicos.

En el campo médico, varios galenos hacen una junta médica para tratar un caso complicado. Luego de debatir varias opciones sobre las acciones a seguir, deciden sin verificar la condición real del paciente, mediante exámenes médicos que aclararan un diagnóstico, aconsejan al médico tratante realizar una intervención quirúrgica al paciente, que termina siendo inconveniente, causándole la muerte. En el caso planteado, los médicos prevén un riesgo, y aún así determinan al médico tratante realizar una cirugía riesgosa, sin que con ello se pueda afirmar que querían el resultado típico, pues esperaban que con la cirugía se pudiese evitar el resultado. En este caso, se puede admitir una determinación culposa de un hecho que infringe el deber objetivo de cuidado, y que conlleva a la producción del resultado típico, pero al no tener la dominabilidad del hecho imprudente, no pueden responder como autores accesorios[102].

Por otra parte, no se comparte la postura de Del Castillo, cuando afirma que el dominio en un delito imprudente no comprende el resultado del mismo[103], pues el resultado es la condición de punibilidad del delito imprudente, mas no hace parte del injusto, debido a que el injusto está conformado por la infracción al deber objetivo de cuidado y la previsibilidad del resultado típico. Por el contrario se considera que, para que una persona participe en el delito imprudente de otro, cuando conoce que existe una infracción al deber objetivo de cuidado

---

[102] Cabe aclarar que en el ejemplo citado, pueden presentarse varios supuestos que darían consecuencias penales diferentes. El primero es cuando los médicos que conforman la junta le dan la orden al médico tratante que intervenga quirúrgicamente al paciente, pero los primeros son conscientes de que se puede producir un resultado si se practica la intervención, mientras que se mantiene al margen de ese conocimiento, pues actúa bajo un error de tipo. En ese supuesto, el médico podrá ser un autor imprudente, y los médicos de la junta serían autores mediatos dolosos. El segundo supuesto se presenta cuanto tanto los médicos de la junta, como el médico tratante actúan bajo un error de tipo. En este caso, los médicos de la junta serían determinadores imprudentes, y el médico tratante sería autor de un delito imprudente. El tercer supuesto, se presentaría si los médicos de la junta actúan bajo un error, y el médico tratante advirtiendo el error continúa adelante su conducta, éste respondería por dolo, mientras que los médicos de la junta se les podría aplicar la prohibición de regreso, en el entendido que al no poder advertir que con su conducta estaban favoreciendo una conducta delictiva, no tendrían responsabilidad penal frente a un hecho doloso de un tercero.
[103] DEL CASTILLO CODES. Ob. Cit. Pág.127-132.

y prevé la posible realización de un resultado, debe valorarse ex ante, que la conducta objetivamente puede producir como resultado una lesión o puesta en peligro efectivo de un bien jurídico sin justa causa, como lo dispone el artículo 11 del C.P. colombiano.

Igualmente, no parece correcta la estructura planteada por los partidarios del dominio objetivo y subjetivo del hecho, y de la pertenencia del hecho, en el entendido de que tanto el delito doloso como el imprudente, tienen la misma estructura objetiva, esto es, requieren primero de la constatación de la imputación objetiva, y segundo, el análisis de la autoría y la participación, para posteriormente analizar si la conducta se realizó intencionalmente o por imprudencia. Por el contrario, desde que el dolo y la culpa son modalidades de la conducta, las estructuras típicas cambiaron en cuanto a su valoración, además, no es posible afirmar la participación o la autoría si previamente no se establece la modalidad de la conducta. Tampoco parece conveniente el orden que plantean los partidarios de la teoría de la pertenencia del hecho, pues, la autoría no es un presupuesto del análisis de imputación objetiva, sino todo lo contrario, primero debe constatarse que a la persona se le puede imputar el resultado de acuerdo con los criterios de imputación objetiva y después determinar si dicha imputación debe hacerse en calidad de autor o partícipe. La aplicación de la imputación objetiva a un caso concreto, permite establecer si una persona merece o no que se le impute responsabilidad penal, y muchas veces del mismo análisis se puede fundamentar si se le imputa a título de autor o de partícipe.

También se puede asumir la teoría de que los delitos imprudentes no son de mera causación, sino que requieren de una valoración jurídica, para evitar la responsabilidad objetiva que se encuentra proscrita en la Ley penal (art. 12.2 C.P.). Por tanto, el hecho de que el tipo penal del homicidio culposo establezca "el que por culpa matare a otro", no implica que la responsabilidad penal se derive por la mera causación del resultado, sino como lo establece el artículo 9 del Código Penal Colombiano, causalidad por sí misma, no es suficiente para establecer la responsabilidad penal. Por lo anterior, no se puede establecer la responsabilidad penal de un individuo por un delito imprudente, si no se constata primero que éste creó un riesgo jurídicamente desaprobado que luego se realizó en el resultado, y segundo, si actuó como autor, coautor, determinador o cómplice.

En relación con los autores que plantean el dominio por la organización y el dominio por la institución, para explicar la coautoría y la participación en el delito imprudente, es cuestionable considerar que la respuesta al problema de la teoría unitaria de autor en el delito imprudente, es otro concepto unitario de autor. Recuérdese que en este último caso, los criterios de la competencia y los deberes extrapenales que fundamentan el injusto, pueden ampliar la punibilidad al considerar que una persona que coopera para la realización de una conducta imprudente, es competente para evitar el resultado, por lo cual, dejaría de ser cómplice a ser autor. En igual sentido, no se puede perder de vista que los deberes extrapenales que se le imputan a una persona, terminan vulnerando los principios de taxatividad y estricta legalidad de los tipos penales, toda vez que tales deberes no se encuentran comprendidos dentro del tipo respectivo.

Igualmente no se comparte la tesis de Feijóo, cuando afirma que si una persona sabe que va actuar en conjunto con otras personas, mediante la división de trabajo, no se requiere que exista acuerdo previo expreso, pues se puede entender que existe un acuerdo tácito con la presencia de un médico o un personal médico en la sala de cirugía, ello permitiría incluso que se pueda imputar coautoría y participación en el delito imprudente a título de culpa sin representación, cuando el resultado siendo previsible objetivamente, el sujeto no lo previó. Esta tesis, tiene el inconveniente de presumir la autoría y vulnerar el principio de culpabilidad (al proponer una forma de responsabilidad objetiva), en el entendido de que todas las personas que participan por ejemplo, en un acto médico, asumen el riesgo de todos los resultados que en él puedan presentarse, en igual sentido, omite con ello, los efectos excluyentes del error tipo, la obediencia debida y el principio de confianza. El error de tipo afecta el aspecto cognoscitivo del sujeto al no representarse que en su conducta se configuran los hechos constitutivos de una infracción penal, en este caso, las especialidades de la rama médica, hacen imposible que todas las personas intervinientes en un acto médico conozcan todas las implicaciones de un acto médico, por tanto, por el desconocimiento de la rama específica de la medicina empleada en una intervención quirúrgica, muchos intervinientes siguen las instrucciones de un superior, sin percatarse en muchas ocasiones de que sus actos colaboran con la producción de un resultado típico imprudente; la obediencia debida en el caso de las actividades laborales cuando no se prevea la ocurrencia de ningún resultado típico, y en los casos médicos, en los cuales, los subordinados confían en las capacidades y conocimientos de sus superiores, y sus posibilidades de disentir en casos de cirugías es mínima ante la agilidad y dinamismo con que se deben coordinar las actividades de un grupo médico, en muchos eventos en que los médicos trabajan bajo la presión de la muerte del paciente, el disentimiento de unos de los integrantes del grupo puede significar la muerte de una persona; y por último, el principio de confianza que dadas las complicaciones de una intervención quirúrgica, impiden a los participantes controlar la actividad de los demás, apremia a confiar en que los demás participantes de un acto médico realicen bien su función.

En los casos de responsabilidad penal del médico en los cuales éste omite realizar la supervisión y la vigilancia de sus subalternos no elegidos por él, y en los casos de remisión a otro colega de cuyas capacidades sospecha (no tiene certeza, pues al tener certeza de la mala calificación de la persona se podría imputar la conducta a título de dolo eventual en los términos del artículo 22.2 C.P.), puede afirmarse que resulta excesivo imputarles el resultado a título de autor, por posición de garante, toda vez que la dominabilidad del hecho imprudente siempre la tiene el subalterno o el otro médico. En este sentido, debería plantearse una rebaja punitiva al cómplice de un delito imprudente, como se plantea para el cómplice de un delito doloso. La complicidad se pune por conocer y ayudar en la comisión de una conducta punible, pero al carecer del dominio del hecho, no puede ser coautor. En estos casos está claro que el médico superior o el médico remitente, infringe un deber objetivo de cuidado y que tal infracción previsible que crea un riesgo jurídicamente desaprobado se realizó en el resultado; también está claro que el médico no tiene la dominabilidad del hecho imprudente, pues se supone que, de haber actuado, hubiera evitado el resultado, lo cual no es del todo cierto, al existir eventos en los cuales el médico actúa con posterioridad, y puede producirse todavía una acción salvadora que evita el resultado lesivo. Desde luego también puede darse una acción salvadora que agrava el resultado, o una acción salvadora que en todo caso no puede evitar el resultado que ya es inevitable a consecuencia del error médico.

Frente estos casos dudosos, y de aplicación de cursos causales hipotéticos incriminantes, un mínimo índice de probabilidad y evitabilidad del resultado a través de la acción salvadora daría como consecuencia la aplicación del in dubio pro reo. Por su parte, en los casos de índice medio de posibilidad de haber evitado el resultado mediante una acción salvadora, no aplicada por imprudencia médica[104], se debería reconocer la disminución prevista en la Ley para el cómplice. Finalmente, frente a un alto grado de probabilidad y previsibilidad, se puede imputar la conducta a título de autoría y dolo eventual[105]. Ello es sostenible a partir de los criterios

---

[104] SCHUNEMANN ob. cit. Págs. 210-213; DEL CASTILLO CODES. Ob. Cit. Págs.142-158; JESCHECK. Ob. Cit. Págs. 648-679; PERDOMO TORRES, José Fernando. Posición de garante en virtud de la confianza legítima especial. Externado de Colombia. 2008. Págs.165-215; BENITEZ ORTUZAR, Ob. Cit. Pág. 171; QUINTERO OLIVARES, Ob. Cit. Págs.368-374; MIR PUIG. Ob. Cit. Págs. 305-320; SILVA SANCHEZ, Jesús María. Estudios sobre los delitos de omisión. Editora jurídica grijley.2004. Págs. 15-91; VELASQUEZ VELASQUEZ, Manual Ob. cit. págs. 414-429

[105] "De este modo, solo podrá considerarse dolosa una conducta cuando la probabilidad (previsión) sea tan elevada según la valoración del agente sobre la circunstancias de realización de su conducta, que no resulte irrazonable o improbable la producción del resultado. Por el contrario, si el agente ha previsto el resultado concreto como algo muy improbable, solo posible, imposible por cualquier clase de factor o no lo ha previsto siendo previsible, entonces habrá imprudencia con representación." POSADA MAYA, Ricardo. El dolo en el código Penal de 2002.1-69. Temas de

de la pertenencia del hecho, y del dominio potencial del hecho, más no es muy fácil de sostener con la teoría del dominio por la institución.

Para concluir este aparte, puede afirmarse que es posible alcanzar un concepto restrictivo de autor en los delitos imprudentes, partiendo de la dominabilidad del hecho extratípico en el cual se configura la infracción al deber objetivo de cuidado, en virtud de ello, no puede existir intención sobre la realización del resultado típico, sino del hecho extratípico infractor al deber objetivo de cuidado. Es necesario que los intervinientes puedan prever por ser previsible que el acto en que están participando, sea un acto infractor al deber objetivo de cuidado y que puede conllevar a la lesión de un bien jurídico tutelado sin justa causa. Debe existir acuerdo previo o concomitante para la realización del acto imprudente, y una división de trabajo. De esta manera, quién tiene la dominabilidad del hecho imprudente será autor, y los demás serán partícipes.

En los casos de relaciones verticales, donde se rompa el principio de confianza, al contrario de lo que ocurre en los delitos dolosos en los que se castiga como autor por comisión por omisión, a quién no evita los resultados típicos teniendo el deber de hacerlo, en los delitos imprudentes es posible plantear la aplicación de la teoría de la delegación planteada por Silva Sánchez, en el entendido de que, por ejemplo, el médico delega en su subalterno la realización de una labor, perdiendo por ello la competencia directa en la evitación de un resultado derivado de esa función. A pesar de que no

---

Derecho Penal. Coordinador POSADA MAYA RICARDO. Universidad de los Andes. 2008

pierde los deberes de vigilancia y control, no responde en calidad de autor por comisión por omisión, sino como partícipe del acto de su subordinado que es el que tiene la competencia directa para evitar un resultado típico, derivado de la fuente de riesgo que se delegó vigilar. Sobre tal teoría, sería también aconsejable sustituir el término competencia, por dominabilidad del hecho en los términos antes expresados.

De esta manera, en el caso de la enfermera que advierte que los utensilios no se encontraban debidamente esterilizados, y a pesar de informárselo previamente al cirujano, éste decide continuar con la operación confiando en que no se presentaría ninguna complicación, el médico sería responsable como autor por comisión de un hecho imprudente, y la enfermera, quién decide colaborar con el médico en la operación, sería responsable como cómplice, y no como autora accesoria de un hecho imprudente, porque a pesar de que conoce que está participando en un hecho que infringe el deber objetivo de cuidado y además, le es posible prever que el mismo, puede lesionar un bien jurídico sin justa causa, decide participar en el hecho sin querer el resultado. Sin embargo, la dominabilidad sobre el hecho extratípicio infractor al deber objetivo de cuidado lo tiene el médico y no la enfermera.

En el caso del estudiante de odontología que en su primer procedimiento de profilaxia, siendo supervisado por un profesor, debido a los nervios corta la lengua del paciente, justo en el momento en que su profesor confiando en que todo va bien, decide tomar un sorbo de café. En el caso planteado, la doctrina mayoritaria podría sostener que el descuido en el control y vigilancia del estudiante inexperto configuraría la responsabilidad del médico supervisor, en calidad de autor de una lesión personal imprudente por comisión por omisión. Sin embargo, tomando el argumento de la delegación en el delito imprudente, se puede afirmar que quién tiene la dominabilidad sobre la lesión al bien jurídico es el estudiante, y no el profesor, al no existir relación directa sino indirecta entre el médico y el bien jurídico, en virtud de una delegación de una labor, el médico respondería como partícipe de un delito imprudente, siendo el estudiante el autor del mismo.

En el caso del director y del supervisor de un hospital, que sin oponerse sobre la solicitud de un médico de realizar una intervención quirúrgica de urgencia, utilizando una máquina que dada su falta de mantenimiento, sugerido por el fabricante, ha perdido su exactitud. Luego de informar al médico de la situación permiten la realización de la cirugía confiando en sus capacidades y haciendo una prueba previa del desempeño de la máquina. Sin embargo, la máquina falla y el paciente sufre lesiones personales graves. En el presente caso, la doctrina mayoritaria afirmaría la responsabilidad penal de director y del supervisor, en calidad de autores accesorios de lesiones personales imprudentes en calidad de comisión por omisión. En este caso, podríamos igual que en el caso anterior argüir la falta de dominabilidad del hecho, y la delegación de responsabilidad al cirujano, quién responderá como autor, y el director y el supervisor como cómplices de lesiones personales imprudentes.

6. RESULTADOS DEL ESTUDIO.

A pesar de todo este debate la lógica indica que sí se pueden presentar casos de coautoría y partición en una conducta imprudente, y que a pesar de los problemas sistemáticos que puede causar el admitir una coautoría o una complicidad en una conducta culposa, se hace necesario plantear los criterios que permitirían la aplicación de la mencionadas figuras, en la conducta culposa. En primer lugar, si en los delitos dolosos que son más graves, los cómplices tienen derecho a una rebaja punitiva, no es razonable que en los delitos culposos a quién colabora en la conducta imprudente de otro, tuvieran la misma pena del autor. Segundo, si bien es cierto, que en los delitos culposos no puede existir intención de causar un daño, pues cambiaría la modalidad de la conducta a dolosa o preterintencional, en los delitos imprudentes, sí puede existir intención de realizar una conducta imprudente extratípica, sin que dicha intención abarque el resultado, y también puede existir un acuerdo entre varias personas de realizar en conjunto una conducta imprudente extratípica, sin que el acuerdo incluya la realización del resultado típico.

Así por ejemplo, una persona puede tener la intención de realizar un adelantamiento riesgoso e imprudente en una carretera, y puede prever que el resultado se puede producir, pero confía en poder maniobrar de tal manera que el resultado no se dé. En este caso, es claro que se tiene la intención de realizar un adelantamiento riesgoso e imprudente, pero no se puede sostener que existe intención de causar el resultado típico, pues el confía en poder evitarlo, también es claro que es el conductor, quién domina el hecho imprudente, sin que exista voluntad de obtener el resultado punible. Igualmente, también se puede presentar un acuerdo común entre varias personas para realizar una conducta imprudente extratípica, por ejemplo, acordar iniciar una construcción, en la que no se cuentan con todas las normas de seguridad para los trabajadores, sin embargo, se acuerda estar pendiente de que los empleados no corran riesgos innecesarios, y estén bien vigilados por un superior. En el presente caso, todas las personas conocen los riesgos que podrían correr los trabajadores, pero aun así, todos acuerdan trabajar en esas condiciones, lo que evidencia un acuerdo colectivo para realizar una conducta imprudente, lo que permitiría la aplicación de la coautoría y la complicidad imprudente. Si en el caso planteado, llegare a ocurrir algún accidente previsible, no se podría imputar por dolo, porque no se tenía la voluntad de que ocurriera el resultado delictuoso, sino que se establecieron medidas alternativas, confiando con ello, que los resultados no se produjesen.

En fin, la lógica indica que se pueden presentar todos los casos de autoría y participación en los delitos culposos como a continuación se van a exponer:

a. Coautoría culposa.

Dos obreros en una construcción se proponen tirar unos escombros de una ventana de un quinto piso, para no tener que bajarlos en hombros por las escaleras. Observan que por la zona donde pretenden tirar los escombros no pasa ninguna persona, y ambos colocan los escombros en una bolsa y los arrojan por la ventana. Cuando van cayendo en el aire todos los escombros, otro obrero saca la cabeza por una ventana de los pisos inferiores, para observar qué era lo que estaba produciendo tanto ruido, y es alcanzado por una piedra en la cabeza, que le causa la muerte instantánea.

En el presente caso, existe acuerdo común, división de trabajo, y ambos realizan el mismo aporte imprudente que produjo el homicidio culposo. En este caso, nunca se quiso el resultado, pero si era previsible, y ellos efectivamente lo previeron como posible, pues antes de arrojar los escombros, se cercioraron que nadie estuviera por el lugar, pero sus medidas no fueron suficientes, y la regla de cuidado aplicable en ese caso, era no tirar los escombros por la ventana.

En la coautoría culposa no existe co-dominio del hecho en búsqueda de un resultado contenido en un tipo penal, pero si existe un co-dominio del hecho imprudente extratípico, con el que luego se produce un resultado previsible.

La coautoría también se presenta en una operación, donde un anestesiólogo le pide autorización al cirujano para ausentarse de la sala de cirugía, y este último, autoriza al primero a ausentarse, configurándose aquí una conducta imprudente - pues queda claro, que ni el cirujano ni el anestesiólogo, se pusieron de acuerdo para causar la muerte intencional del enfermo-. Pero luego, el paciente sufre una complicación y muere en la sala de cirugía, y se comprueba que si el anestesiólogo hubiese estado presente, se hubiese evitado el deceso del paciente. En el presente caso, el acuerdo común entre el cirujano y el anestesiólogo, permite configurar la coautoría, donde cada uno, hizo un aporte relevante a la ocurrencia de la muerte conforme en la división de trabajo, al ausentarse en el caso del anestesiólogo y al permitir que éste se ausentara del quirófano.

b. Autoría mediata imprudente.

La autoría mediata imprudente[106] se puede presentar en el caso, donde un ingeniero calcula mal la estructura de un edificio, y este se viene a pique. El ingeniero no quiere que se produzca el resultado, pero infringe el deber objetivo de cuidado, al violar la lex artis. Los obreros y los demás trabajadores de la constructora, procedieron a construir el edificio basándose en los cálculos del ingeniero.

De esta forma, el ingeniero dominó la voluntad de los obreros, a través de una conducta imprudente, que fue, haber calculado mal la edificación. Por este hecho imprudente solo responderá el ingeniero, pues los obreros actuaron bajo un error de tipo invencible.

En igual sentido, se presenta una autoría mediata en el caso de un médico que ordena a un subalterno ejecutar un procedimiento contraindicado, creyendo erróneamente que era el tratamiento adecuado. El médico en ningún momento quiere el resultado, y su orden contiene un procedimiento que infringe el deber objetivo de cuidado, por ser contraria a la lex artis. Por el contrario, el subalterno que la ejecuta no es consciente de que la orden que va a ejecutar, es contraindicada, pues no tiene los conocimientos para comprenderlo y actúa bajo el principio de confianza. De esta forma el médico sería autor mediato de un delito imprudente, que ejecuta un instrumento que actúa bajo un error de tipo, que puede ser invencible o vencible de acuerdo al caso.

---

[106] Sobre este tema: RODRIGUEZ VÁSQUEZ, Virgilio. Responsabilidad penal en el ejercicio de actividades médico-sanitarias. Colección derecho. Fundación Rafael del Pino. Marcial Pons. Madrid-Barcelona-Buenos Aires-Sao Paulo. 2012. Pág.410-420.

c. Inducción en un delito imprudente.

La inducción imprudente se presenta cuando alguien induce a otro a realizar una conducta culposa, sin que la intención del instigador abarque el resultado, que en todo caso, se observa como previsible.

El obrero que instiga a sus compañeros a tirar los escombros por la ventana. El copiloto que instiga al conductor de un camión, a seguir un viaje, a pesar de que ambos saben que el vehículo está presentando problemas de frenos.

d. Complicidad en un delito imprudente.

De acuerdo con lo expuesto en apartes anteriores de este trabajo, se considera que en las labores en que existan relaciones de subordinación, donde el empleado tiene el dominio sobre el hecho imprudente extratípico, al superior que omite sus funciones de control y vigilancia, se le debe hacer responsable como cómplice del delito imprudente, y no como autor accesorio del mismo. Ello debido a que el subordinado tendrá siempre el control sobre el sí y el cómo, de la realización del hecho imprudente extratípico, y la falta de control y vigilancia del superior, en los delitos culposos, debe entenderse, como un aporte al hecho de un tercero, a través de una omisión, que igualmente infringe el deber objetivo de cuidado.

Igual consecuencia debe tener el superior, que tenga la posición de garante, sobre la evitación del resultado típico, es decir, cuando tiene función de doble aseguramiento, porque quién sigue teniendo el control sobre el sí y el cómo del hecho imprudente extratípico es el subordinado, y su falta de control y vigilancia, termina siendo un aporte al hecho imprudente de un tercero, más no la causa directa del suceso.

En los dos casos planteados, para que se dé la complicidad en el delito imprudente, se requiere que entre el superior y el inferior, exista acuerdo de adelantar un hecho extratípico, que sin el control y vigilancia del superior, implique per se, una violación al deber objetivo de cuidado.

De no existir este acuerdo, no se configura la complicidad, sino la autoría accesoria tanto del subordinado, como el del superior jerárquico, el primero por infringir el deber objetivo de cuidado, y el segundo, por omitir los deberes de control y vigilancia que debía ejercer en ese hecho. Pero por analogía en bonam partem, al autor por comisión por omisión culposo, también se le debe otorgar una rebaja de pena, porque a diferencia del subordinado, que domina el hecho imprudente extratípico, y que es a la postre el que produce el resultado contenido en el tipo penal, la actuación del superior ingresa en un ejercicio mental de causalidad hipotética, donde se debe analizar qué hubiese pasado si el superior hubiese actuado en el hecho. De tal forma, y se presenta con mayor intensidad en las conductas culposas, que la omisión de control y vigilancia del superior, es un acto que coopera con el hecho imprudente de un tercero, pero no es la causa directa del resultado, porque, si no se presentara el acto imprudente comisivo del subordinado, el resultado nunca se hubiese presentado, y la actuación del superior tampoco se hubiese requerido. Por esta razón lógica, la pena de quién realiza por comisión la conducta imprudente, no puede ser igual a la de quién omite el control y vigilancia sobre ésta.

Volviendo a los casos donde existe acuerdo previo sobre la realización de un hecho extratípico imprudente, para que el superior o el garante respondan como cómplices, se hace necesario romper con el supuesto de, que la posición de garante convierte a quien omiten deberes de control y vigilancia, en autores accesorios del hecho imprudente. Y ello, se puede hacer, utilizando la figura de la delegación, donde quién delega una función o la ejecución de una tarea, pierde el dominio sobre el hecho imprudente extratípico, y por esta razón, se convierte en cómplice de un delito imprudente, pues la omisión en el deber de vigilancia y control, no produce por sí el hecho, sino que debe verse como una colaboración a la conducta imprudente de otra persona.

De esta manera, sería cómplice imprudente, el que, en el caso de los obreros que tiran escombros por una ventana, los ayuda a recoger los escombros para meterlos en una bolsa, que luego es levantada por sus dos compañeros para tirarla por la ventana. En este caso, los que tienen la dominabilidad sobre el hecho imprudente extratipico, son los dos obreros que cargan la bolsa y vacían su contenido del quinto piso, y por eso son coautores de un hecho imprudente, y el tercer obrero, que solo colabora con meter algunos escombros en la bolsa, pero sabe qué es lo que van a hacer los otros, respondería como cómplice, porque solo presta una colaboración en el hecho imprudente de un tercero. Nótese que todos los participantes se ponen de acuerdo para la realización de un hecho imprudente y actúan en su ejecución, pero ninguno quiere el resultado típico producido.

7. BIBLIOGRAFÍA.

- BENITEZ ORTUZAR, Ignacio Francisco, La imprudencia punible en el ámbito de la actividad médico-quirúrgica. Págs.155-199 .. Estudios jurídicos sobre la responsabilidad penal, civil y administrativa del médico y otros agentes sanitarios. Director: Lorenzo Morillas Cuevas; Coordinador José María Suárez López. Dikinson. 2009
- BENITEZ ORTUZAR, Ignacio Francisco. La participación en el delito imprudente. Distintas formas de abordar el alcance de la participación imprudente en hecho imprudente de otro constitutivo de delito. Junio de 2008. En la siguiente página web: http://vlex.com/vid/38656850
- BUSTOS RAMIREZ, Juan; HORMAZABAL MALAREE, Hernán. Lecciones de derecho penal. Trota. 2006.
- CADAVID QUINTERO, Alfonso. El incremento del riesgo como facto de atribución de resultados en la imprudencia. Nuevo Foro Penal No. 67.Enero-Junio 2005. Universidad Eafit.
- CADAVID QUINTERO, Alfonso. Introducción a la teoría del delito. Dike biblioteca jurídica.1998.
- CADAVID QUINTERO, Alfonso. La imprudencia médica en la jurisprudencia de la Sala de Casación penal de la Corte Suprema de Justicia. Págs.353-378. Delito político, terrorismo y temas de derecho penal. Coordinador Ricardo Posada Maya. Universidad de los Andes- Facultad de Derecho. Ediciones Uniandes. 2010.

- CESANO, José Daniel. Los delitos de homicidio y lesiones imprudentes por mala praxis médica. Tratado de responsabilidad médica. Legis argentina. 2007.
- CEREZO MIR, José. Derecho Penal parte general. Bdf. 2008.
- CORCOY BIDALOSO, Mirentxu. El delito imprudente. Segunda edición. Colección Maestros del Derecho penal No 10. Bdf. 2008.
- CUELLO CONTRERAS, Joaquín. El Derecho Penal Español parte general. Vol. II. Dikinson. 2009.
- DEL CASTILLO CODES, Enrique. La imprudencia: autoría y participación. Monografías de Derecho Penal No. 10. Dykinson. Madrid. 2007
- DIAZ Y GARCIA CONLLEDO, La autoría en el derecho penal. PPU. 1991.
- FEIJO SANCHEZ, Bernardo. Derecho penal de la empresa e imputación objetiva. Colección de derecho penal. Cámara de Madrid. 2007.
- FERNANDEZ CARRASQUILLA, Juan. Derecho penal fundamental vol. II. Segunda edición. Temis. 1998.
- FERRE OLIVE, Juan Carlos; NUÑEZ PAZ, Miguel Angel; RAMIREZ BARBOSA, Paula Andrea. Derecho Penal colombiano parte general. Ibáñez. 2010.
- FEIJOO SANCHEZ, Bernardo. Derecho penal de la empresa e imputación objetiva. Cámara de Comercio de Madrid. 2007.
- FEIJÓO SANCHEZ, Bernardo. Resultado lesivo e imprudencia. Universidad Externado de Colombia. 2003.
- FEIJOO SANCHEZ, Bernardo. Cuestiones actuales de derecho penal económico. Bdf editores.2009

- ✓ FIANDACA, Giovanni; MUSCO Enzo. Derecho Penal parte general. Temis. 2006.
- ✓ FIGALGO Sonia, (2008) Responsabilidad Penal por ejercicio de la medicina en equipo. Coimbra Editora. Págs 24 y 25.
- ✓ FERNANDEZ BAUTISTA, Silvia. El administrador de hecho y derecho. Tirant monografías No. 519. Tirant lo Blanch. 2007.
- ✓ GIMBERNAT ORDEIG, Enrique. Autor y cómplice en derecho penal. BdF. 2007
- ✓ GOMEZ RIVERO, María del Carmen. La responsabilidad penal del médico. tirant lo blanch 2003
- ✓ HERNANDEZ ESQUIVEL, Alberto. Autoría y participación. Lecciones de derecho penal parte general. Universidad Externado de Colombia. 2002. 265-287.
- ✓ JAKOBS, Gunther . Derecho penal parte general. Fundamentos y teoría de la imputación. Madrid: Marcial Pons - Ediciones jurídicas.1995.
- ✓ JAKOBS, Gunther. Imputación objetiva en el derecho penal. Universidad Externado de Colombia. 1998.
- ✓ JARAMILLO, Carlos Ignacio. Responsabilidad Civil del médico. Civitas. 2008.
- ✓ JESCHECK, Hans-Heinrich. Tratado de Derecho Penal parte general. Quinta edición. Comares. 2002.
- ✓ LOPEZ MEZA, Marcelo. Teoría general de la responsabilidad civil médica en el derecho argentino y comparado. En tratado de la responsabilidad médica. Legis Argentina. 2007.
- ✓ LOPEZ-MUÑOZ Y LARRAZ, Gustavo. El error sanitario. Dikinson. 2003Kohn, L.T.; Corrigan, J.M.; Donaldson,

- M.S., To err is human. Building a safer health system, Washington D. C.; National academy press, 2000
- LOPEZ DIAZ, Claudia. Introducción a la imputación objetiva. Universidad Externado de Colombia. Bogotá. 1996.
- MIR PUIG. Santiago. Derecho penal parte general. Quinta edición.Tec foto. 1998
- MIR PUIG, Santiago director; CASTIÑEIRA PLOU, Maria Teresa; LLOBET ANGLI, Mariona; MONTANER FERNANDEZ, Raquel. Comentarios a la jurisprudencia del Tribunal Supremo. Sección jurisprudencia. Universidad Pompeu Fabra. ADPCP. Vol LVIII. 2005.
- POSADA MAYA, Ricardo. El dolo en el código Penal de 2002.1-69. Temas de Derecho Penal. Coordinador POSADA MAYA RICARDO. Universidad de los Andes. 2008
- QUINTERO OLIVARES, Gonzalo. Parte General del Derecho Penal. Segunda edición. Thomson aranzadi. 2007.
- REYES ALVARADO, Yesid. Imputación objetiva. Temis. Tercera edición. Bogotá 2005.
- REYES ALVARADO, Yesid. Ubicación del dolo y la imprudencia en al teoría del delito. Dogmática y Criminología. Libro Homenaje a Alfonso Reyes Echandía. Legis. 2005.
- RODRIGUEZ VÁSQUEZ, Virgilio. Responsabilidad penal en el ejercicio de actividades médico-sanitarias. Colección derecho. Fundación Rafael del Pino. Marcial Pons. Madrid-Barcelona-Buenos Aires-Sao Paulo. 2012.
- ROSO CAÑADILLAS, Raquel. Autoría y participación imprudente. Estudios de derecho penal. Editorial comares.2002

- ROXIN, Claus. Derecho Penal parte general. Segunda edición. Civitas. 1996.
- ROXIN, Claus. La teoría del delito en la discusión actual. Grinley. 2007.
- ROXIN, Claus. Autoría y dominio del hecho en el derecho penal. Séptima edición. Marcial Pons. 2007.
- RUEDA MARTIN, María Ángeles. La teoría de la imputación objetiva del resultado en el delito doloso de acción. Universidad Externado de Colombia. J.M. Bosch Editor. Colombia. 2002.
- RUEDA MARTIN, María Ángeles. La concreción del deber objetivo de cuidad en el desarrollo de la actividad médico quirúrgica curativa. 257-341. Delito político, terrorismo y temas de derecho penal. Coordinador Ricardo Posada Maya. Universidad de los Andes-Facultad de Derecho. Ediciones Uniandes. 2010
- SAENZ CANTERO CAPARRÓS, José. La codelincuencia en los delitos imprudentes en el código penal de 1995. Marial Pons. 2001.
- SILVA SANCHEZ, Jesús María. Estudios sobre los delitos de omisión. Editora jurídica grijley.2004.
- SILVA SANCHEZ, Jesús María; autoría delictiva en las estructuras organizadas. En SILVA SANCHEZ, Jesús María; SUAREZ GONZALEZ, Carlos. La dogmática Penal Frente a la criminalidad en la administración pública. Biblioteca de autores extranjero 7. Grijley. Instituto peruano de ciencias sociales. 2001
- SUAREZ SANCHEZ, Alberto. Autoría. Externado de Colombia. 2007.
- TERRAGNI, Marco Antonio. Autor, partícipe y víctima en el delito culposo. Rubinzal-culzoni editores. 2008.

- ✓ VELASQUEZ VELASQUEZ, Fernando. Manual de derecho penal. Cuarta Cuarta edición. Ediciones jurídicas Andrés Morales. 2010.
- ✓ VELASQUEZ VELASQUEZ, Fernando. Derecho Penal parte general. Cuarta edición. Comlibros. 2007.
- ✓ VILLEGAS GARCIA, Andres Felipe. La materialización del riesgo inherente y su diferencia con la culpa médica. Revista Responsabilidad Civil y del Estado. No 24. Comlibros. Noviembre de 2008.
- ✓ WELZEN, Hans. Derecho Penal parte general. Roque Depalma editor. 1956.
- ✓ ZAFFARONI, Eugénio Raúl; ALAJIA, Alejandro; SLOKAR, Alejandro. Manual de Derecho Penal parte general. Segunda edición. Ediar y Temis. 2006.

LA AUTORIA Y PARTICIPACIÓN EN LOS DELITOS EMPRESARIALES.

Para iniciar el análisis de la autoría y la participación penal en la estructura empresarial, se hace necesario identificar varios grupos de personas que actúan dentro de una estructura societaria:

a) Los socios.
b) Los órganos de administración.
c) El representante legal.
d) Los directores de los departamentos o de las diferentes

áreas de trabajo.
e) Los empleados.

De acuerdo con esta estructura jerárquica, que por regla general opera en una empresa, se suele presentar de acuerdo con los hechos diferentes formas de imputación penal como autores y partícipes.

RESPONSABILIDAD DE LOS EMPLEADOS.

De acuerdo con el llamado derecho penal tradicional, las personas que ejecutan los hechos delictivos, son los que tienen mayor relevancia para el derecho penal, y son ellas, sobre los cuales debe recaer el mayor peso de la prevención general o especial, de la pena. Sin embargo, en el nuevo derecho penal empresarial este principio pierde bastante relevancia, pues los ejecutores, que son por regla general empleados, son los menos importantes dentro de la estructura jerárquica de una empresa, y muchas veces desconocen la ilicitud de los hechos que están realizando. Además, generalmente son los que menos se benefician de las conductas punibles ejecutadas, pues en ocasiones lo hacen bajo la presión de no perder sus empleos o conseguir algún acenso, que de ninguna manera se compara con los beneficios que obtiene la persona que planea y ordena la ejecución de la conducta punible.

Sin embargo, en el caso de los empleados, hay que diferenciar los actos delictivos que ellos ejecutan por sí mismos, -y sin la participación de sus superiores-, de los actos en que los empleados si actúan junto o con apoyo de sus superiores, como por ejemplo, un hurto agravado por la confianza o un abuso de confianza realizado por un empleado en contra de la empresa; o hechos delictivos realizados por un empleado o varios empleados en contra de terceros, como una estafa a clientes, proveedores o acreedores.

En estos casos la responsabilidad principal y dolosa de esos hechos, es de los empleados y no puede comprometer a sus superiores. De esta manera, a los empleados se les aplicarán las reglas comunes de la autoría y participación contenidas en los artículos 29 y 30 del Código Penal. Y los superiores, solo podrán ser responsabilizados por delitos culposos susceptibles de ser realizados por comisión por omisión, cuando ostenten una posición de garante (en la protección de un bien jurídico o la vigilancia de una fuente de riesgo), por falta de control y vigilancia, y donde no sea admisible aplicar los criterios de la imputación objetiva que permitan su exoneración de responsabilidad, como el principio de confianza, el fin de protección de la norma, la prohibición de regreso y la falta de concreción del riesgo jurídicamente desaprobado en el resultado.

Por el contrario, en los casos en que exista participación tanto de los empleados como de sus jefes jerárquicos, tendrá que aplicarse diferentes figuras de acuerdo al grado de participación de los superiores, por tanto, se pueden presentar varias situaciones diferentes.

En primer lugar, se podrán presentar casos de autoría mediata cuando los empleados no sean conscientes de que sus actos iban a configurar la parte objetiva de un tipo penal (artículo 32.10 del C.P.), actuando así bajo un error de tipo invencible, ya sea por no tener la información especializada para evidenciarlo, o por no tener el conocimiento completo de toda la operación. También se puede presentar la autoría mediata, en los casos donde el empleado actúe bajo insuperable coacción ajena, bajo la amenaza de un daño irremediable por parte de su superior; y en casos de responsabilidad disminuida, por configurarse un error de tipo vencible que deja subsistente la responsabilidad del empleado por imprudencia, o en los casos de coacción superable donde se disminuye la responsabilidad desde la culpabilidad.

En segundo lugar, se pueden configurar casos de coautoría, cuando los empleados actúan en conjunto con sus superiores, mediando acuerdo común, en división de trabajo, y que la importancia del aporte que haga el empleado le permita tener el dominio funcional sobre la comisión del hecho punible.

En tercer lugar, se pueden presentar casos en que el empleado actúe con dolo, previa instigación de algún superior. En estos casos, los empleados serán autores o coautores dependiendo de quienes ostenten el dominio funcional de los hechos, de acuerdo con la importancia del aporte; y el superior que siembra la idea criminal en los coautores, será un determinador, siempre y cuando no llegue a tener dominio funcional del hecho, y no tenga participación en la ejecución de la conducta punible.

En cuarto lugar, se pueden presentar casos de coautoría de los empleados con complicidad de sus superiores, donde los empleados son coautores por ejecutar el hecho y por tener el dominio funcional del hecho, y sus superiores actúan en la preparación del hecho, o realizando aportes que por su importancia, no les permiten tener el dominio funcional del hecho, por lo cual terminan siendo cómplices. O puede presentarse el caso contrario, donde son los superiores los coautores y los empleados los cómplices de acuerdo con los criterios antes esbozados.

Por último, se ha propuesto la posibilidad de aplicar la teoría de la autoría mediata por dominio de la organización en casos de delincuencia empresarial, por considerar que dada la importancia de los superiores, no parece apropiado desde un punto de vista político-criminal, sean catalogados como cómplices o como inductores, cuando tienen todo el dominio real sobre la organización, y son los que reciben los mayores beneficios de los hechos ilícitos cometidos. Sin embargo, se ha objetado la aplicación de esta teoría en el campo de la delincuencia empresarial, porque desde el punto de vista punitivo, no existen diferencias en la Ley penal colombiana, entre la pena del autor y la del instigador. Y por otra parte, la ley colombiana también obliga a dar una rebaja de una 1/6 a la 1/2 de la pena del autor al cómplice, por no confluir en este último, los elementos del coautor. Por otro lado, autores como el profesor Martínez-Buján, consideran que la teoría de la autoría mediata por dominio de la organización, no es aplicable en las estructuras empresariales, pues no cumple con el requisito señalado por Roxin, de que el aparato organizado de poder funcione permanentemente por fuera del ordenamiento jurídico, y en la delincuencia empresarial, salvo algunas excepciones, donde las empresas se constituyen para ser utilizadas como fachadas de actividades criminales, las organizaciones societarias manejan un funcionamiento doble, es decir, preponderantemente legal, y parcialmente ilegal[107].

En los delitos especiales, en los que el autor requiere de una calificación especial, como por ejemplo, ser deudor como en el delito de alzamiento de bienes (artículo 253 del C.P.)[108], el empleado que ejecuta un acto ilícito en coautoría con un superior que tenga las cualidades exigidas por el tipo penal, será responsable en calidad de interviniente, si a pesar de tener el dominio funcional sobre el hecho, no ostenta la condición de representante de hecho o de derecho de quién si ostenta la calidad –ya sea la empresa o el superior-. Por el contrario, si por alguna razón, el empleado actuaba en el hecho delictivo, como representante de hecho o de derecho de la persona natural o jurídica que ostenta la condición especial exigida en el tipo penal, será autor en virtud de la figura del actuar por otro (artículo 29 del Código Penal)[109].

RESPONSABILIDAD DE LOS SUPERIORES.

---

[107] MARTINEZ-BUJAN PÉREZ, Carlos. Derecho Penal Económico y de la Empresa. Tercera Edición. Tirand lo Blanch. Valencia. 2011. Pág. 467.
[108] Artículo 253. Alzamiento de bienes. El que alzare con sus bienes o los ocultare o cometiere cualquier otro fraude para perjudicar a su acreedor, incurrirá en prisión de uno (1) a tres (3) años y multa de diez (10) a doscientos (200) salarios mínimos legales mensuales vigentes.
[109] Sobre el tema: SILVA SANCHEZ. Jesús María. Fundamentos del derecho penal de la empresa. Editoriales Edisofer y Bdf. Buenos Aires. 2013. Pág. 54-55.

Entre los superiores de los empleados podemos encontrar jefes de departamentos, el representante legal o los miembros de un órgano de administración, e incluso los socios.

En el siguiente orden de jerarquía, los socios, los miembros de los órganos de administración, el representante legal y los jefes de departamentos, tienen a su cargo el deber de organizar la empresa de tal forma, que no cause daños a la sociedad en general, en el marco del desarrollo de su objeto social. Sin embargo, ese deber se va difuminando por toda la organización a través de la figura de la delegación[110]. Así los socios, delegan la función de administrar en los miembros de los órganos de administración, estos a su vez, delegan la ejecución de los planes y programas generales de administración al representante legal, quién a su vez, también delega en los jefes de los departamentos la organización de ciertas funciones específicas, de acuerdo con la especialidad de las diferentes materias vinculadas con el objeto social: producción, contabilidad, finanzas, jurídica, ventas, etc.

Por lo anterior, a pesar de que los socios, los miembros de los órganos de administración y el representante legal, tengan el deber de garante más genérico de organizar la empresa de tal forma que no cause daños a la sociedad, frente a daños específicos, y de acuerdo con la figura de la delegación de

---

[110] SILVA SANCHEZ. Jesús María. Ob. Cit. Pág. 53- 54

funciones, los superiores jerárquicos no responderían sino por los hechos ilícitos que se desarrollen dentro de sus ámbitos de competencia, o por la falta de vigilancia y control que deben ejercer por las funciones delegadas, de acuerdo con las reglas de la figura de la delegación de funciones, y del principio de confianza.

Reglas de la delegación.

Cuando se configura la delegación de una función, el delegado asume la responsabilidad directa, por los hechos delictivos que se configuren dentro del ámbito de la función delegada, asumiendo la calidad de autor de las conductas punibles que surjan, de acuerdo claro está, a la modalidad de la conducta, esto es, si se realizaron con dolo o con culpa. Por su parte, el delegante salvo en los casos de conductas dolosas, solo responderá de las conductas imprudentes, por falta de control y vigilancia[111].

---

[111] CERVINI, Raúl; ADRIASOLA, Gabriel. Derecho penal de la empresa desde una visión garantista. B d F. Buenos Aires.2005 págs.247-259; SILVA SANCHEZ, Jesús María; autoría delictiva en las estructuras organizadas. En SILVA SANCHEZ, Jesús María; SUAREZ GONZALEZ, Carlos. La dogmática Penal Frente a la criminalidad en la administración pública. Biblioteca de autores extranjero 7. Grijley. Instituto peruano de ciencias sociales. Lima. 2001. Págs. 15-19. SILVA SANCHEZ, Jesús María. Fundamentos del derecho penal de la empresa. Ob. Cit. Pág.104

Para que la delegación surta los efectos anteriores, que son muy favorables para el delegante, se requerirá que se cumplan varios requisitos: el primero es el delegado escogido sea idóneo para ejercer la función delegada, esto es que tenga la experticia y la experiencia para ejercer la labor encomendada; el segundo es la autonomía para ejercer la función, para ello, el delegado debe recibir del delegante, los medios materiales, económicos, humanos y la información necesaria para ejercer correctamente la labor; y por último, que el delegante realice periódicamente control y vigilancia sobre las funciones de su delegado.

Reglas del principio de confianza.

Salvo casos de coautoría o complicidad dolosa, el principio de confianza se aplica en relaciones grupales, y en mayor medida en relaciones de coordinación, en las que no existen niveles de jerarquía, pues las personas vinculadas en el hecho delictivo tienen el mismo nivel de jerarquía, y por ello, cada persona responderá por el correcto cumplimiento de sus actividades[112]. En estos casos, solo se excepciona la aplicación

---

[112] ROXIN, Claus. Derecho Penal. Segunda edición. Civitas. Madrid. 1997. Págs. 1004-1013; VELÁSQUEZ VELÁSQUEZ. Manual de Derecho Penal. Ob. Cit. Pág. 379-380; JACKOBS, Gunther. Derecho Penal. Segunda edición.

del principio de confianza, en los casos en los que se tenga que interactuar con personas con discapacidad física o mental, o inimputables, en los que es evidente que dichas personas no van a cumplir con sus obligaciones sociales, o en los casos de evidente actuación ilegal, por parte de la persona con la que se interactúa.

Por otra parte, el principio de confianza se aplica de forma más limitada en relaciones de subordinación, donde existe una superioridad jerárquica entre los participantes de una actividad grupal. En este tipo de relaciones quién ostenta una posición jerárquica superior, podrá confiar, pero deberá ejercer de forma periódica una función de control y vigilancia sobre las actividades de sus subordinados, dependiendo de la experticia y experiencia de éstos últimos. De esta manera, a mayor experiencia o experticia, mayor confianza y viceversa.

Marcial Pons. Madrid. 2007. Págs.253-257 (en este sentido el autor citado, concibe el principio de confianza como un supuesto del riesgo permitido y de la prohibición de regreso); TERRAGNI, Marco Antonio. El delito culposo en la praxis médica. Rubinzal culzoni editores. 2003 Pág. 196-215; REYES ALVARADO, Yesid. Imputación objetiva. Temis. Tercera edición. Bogotá. 2007 Págs.148-164; CEREZO MIR. Derecho Penal. B de F. Buenos Aires. 2008. Págs. 480-484; ABRALES, Sandro. Delito imprudente y principio de confianza. Colección autores de derecho penal. Rubinzal-culzoni editores. Buenos Aires. 2010. Págs. 193-287; CORCOY BIDASOLO. El delito imprudente. Segunda Edición. B de F. Buenos Aires. 2008. Págs. 305-324; GOMEZ RIVERO, María del Carmen. La responsabilidad penal del médico. tirant lo blanch Valencia. 2003. Págs. 406-433; FIGALGO Sonia. Responsabilidad Penal por ejercicio de la medicina en equipo. Coimbra Editora. Coimbra. 2008. Págs 24 y 25; LOPEZ DIAZ, Claudia. Introducción a la imputación objetiva. Universidad Externado de Colombia. Bogotá. 1996. Pág. 112.

El principio de confianza es mucho más limitado en actividades de aseguramiento, es decir, cuando a una persona se la encarga de verificar la realización de una actividad riesgosa dentro de los parámetros de seguridad. En otras palabras, la persona asume la posición de garante de la protección de un bien jurídico o la vigilancia de una fuente de riesgo, por intermedio de un deber legal o a través de la asunción voluntaria en los delitos en contra de la vida y la integridad, la integridad y formación sexual y libertad. De esta manera, el individuo no le es muy factible alegar el principio de confianza, cuando dicha persona tiene a su cargo un deber especial en la verificación de un proceso productivo, y el suceso se ha producido por falta de cumplimiento o cumplimiento defectuoso de su deber.

Ahora bien, considero que en estos casos si se trata de un error de coordinación imputable al garante, es claro que deberá responder por ese hecho como autor accesorio con una rebaja, por no tener la dominabilidad del hecho imprudente, o como coautor de un delito imprudente si existe acuerdo previo donde se acordara la realización del hecho imprudente por parte del subalterno, sin la vigilancia y control del superior, igualmente con una disminución de la pena por no tener la dominabilidad del hecho imprudente. Pero cuando una función es desplegada de manera negligente por un empleado, y muy a pesar de la coordinación del garante, se presenta el suceso que configura un delito culposo, no debería imputársele responsabilidad penal del superior. Por ejemplo en un homicidio culposo en una construcción, un capataz coordinaba con tres obreros una excavación en el suelo, explicándoles la forma en cómo debe hacerse la labor y dándole las instrucciones para que no se caigan los bordes del cráter. Sin embargo, uno de los obreros a espaldas del capataz comete una imprudencia, que hace que sobre él, callera una pared de tierra donde terminó ahogándose. En este caso, parece factible aplicar los criterios de la imputación objetiva como la prohibición de regreso, cuando entre la conducta del garante y el resultado típico se interpone la conducta dolosa o negligente de la víctima o de un tercero, que causa de forma directa el resultado; y el criterio de autopuesta en peligro de la víctima, que se aplica cuando el perjudicado, con su conducta dolosa o culposa, genera el suceso del cual termina asumiendo el resultado dañoso, por estar éste, dentro de su ámbito de autoprotección y autoresponsabilidad.

Al aplicar los criterios de imputación objetiva en la forma antes expuesta, se buscaría en primer lugar una exoneración de responsabilidad por falta de imputación objetiva; o como segunda opción, una rebaja en la condena aplicando los criterios de la tasación de la pena contenidos en los artículos 60 y 61 del Código Penal, por configurarse una concurrencia de culpas, esto es, que el resultado no se puede explicar de otra manera sino por la confluencia de la actividad del garante y la actividad de la víctima o de un tercero[113].

Sobre el mismo caso, también es posible imputarle al garante la calidad de cómplice de un delito imprudente, si se demuestra que en el caso particular, que existe acuerdo previo entre las partes para iniciar el hecho imprudente extratípico, y el garante culposo carece de la dominabilidad del mismo, dominio que en cambio, deberá ostentar un tercero o la víctima del suceso. Sobre esta solución, se acepta la posición de una parte de la doctrina[114] que busca

---

[113] Los casos más usuales de concurrencia de culpas, se presentan en el ámbito de los accidentes laborales, en los cuales concurre la culpa del trabajador, y la culpa del empresario, quién tiene una especial posición de garante en el derecho penal de la empresa. También se advierten los casos de accidentes de tránsito en los cuales se puede presentar una concurrencia de culpas entre los involucrados en el accidente (uno conducía a exceso de velocidad y el otro conducía desatento). Igualmente se presentan los casos en que concurre en el hecho de una persona la culpa de un tercero, o la culpa de la víctima, siempre que no se presenten acciones de propio riesgo por parte de esta última, y excluyendo de éstos casos a las personas con discapacidad, ancianos y niños, donde rige el principio de defensa, según el cual, el autor debe asumir las medidas de cuidado extraordinarias con el fin de contrarrestar el peligro especial que provenga de este grupo de personas. Al respecto, CORCOY BIDALOSO, Mirentxu. Ob. Cit. Págs.344-356.

[114] Entre ellos, FEIJOO SANCHEZ, Bernardo. Derecho penal de la empresa e imputación objetiva. Cámara de Comercio de Madrid. Madrid. 2007. Págs. 233-248; FEIJOO SANCHEZ, Bernardo. Cuestiones actuales de derecho penal económico. Bdf editores. Buenos Aires. 2009 págs. 38-48; MIR

diferenciar entre autores y cómplices en un delito culposo, señalando como autor, a la persona que domina el hecho imprudente extratípico, que infringe el deber objetivo de cuidado y que además produce posteriormente, el resultado típico. En consecuencia, quién actúe en acuerdo con otros en la realización de un hecho imprudente estratípico, sin querer el resultado, pero carece de la dominabilidad del mismo, será un cómplice en un delito culposo, y por ello, se le reconocerá la rebaja contenida en el artículo 30 del C.P.

El principio de confianza es plenamente aplicable de acuerdo con las reglas antes expuestas, y para desvirtuarlo es necesario que el ente investigador demuestre plenamente varias situaciones que excluyen su aplicación:

PUIG, Santiago. Derecho Penal parte general. Quinta edición. Tec foto. 1998. Págs. 368-372; CORCOY BIDALOSO, Mirentxu. Ob. Cit. Págs.334-357; ROSO CAÑADILLAS, Raquel. Autoría y participación imprudente. Estudios de derecho penal. Editorial comares. Granada. 2002. 501-606; TERRAGNI, Marco Antonio. Autor, partícipe y víctima en el delito culposo. Rubinzal-culzoni editores. 2008. Págs.167-195; SILVA SANCHEZ, Jesús María; autoría delictiva en las estructuras organizadas. En SILVA SANCHEZ, Jesús María; SUAREZ GONZALEZ, Carlos. La dogmática Penal Frente a la criminalidad en la administración pública. Ob. Cit. Págs. 13-59. Pág.19; SAENZ CANTERO CAPARRÓS, José. La codelincuencia en los delitos imprudentes en el código penal de 1995. Marial Pons. 2001. Págs. 133-163; SUAREZ SANCHEZ, Alberto. Autoría. Externado de Colombia. Bogotá. 2007. Págs. 539-548; JACKOBS, Gunther. Imputación objetiva en el derecho penal. Universidad Externado de Colombia. Bogotá. 1998. Págs.93-97; DEL CASTILLO CODES, Enrique. La imprudencia: autoría y participación. Monografías de Derecho Penal No. 10. Dykinson. Madrid. 2007. Págs. 156-162; FEIJO SANCHEZ, Bernardo. Derecho penal de la empresa e imputación objetiva. Ob. Cit. Págs. 233-248; SALAZAR MARIN, Mario. Ob.cit. Págs.274-288.

En primer lugar se puede demostrar que existió un acuerdo previo doloso entre las personas para ejecutar el hecho, por ello, si se demuestra la coautoría, la instigación o la complicidad entre los participantes del hecho, se excluye la aplicación del principio de confianza, por tanto, todos los intervinientes responderían por el hecho doloso, de acuerdo con su grado de participación.

En segundo lugar, si se demuestra que el superior fue informado del riesgo derivado de la actuación que se iba a realizar, y muy a pesar de ello, no suspende la realización del hecho o no cumple con sus funciones de control y vigilancia para retrotraer el riesgo a niveles permitidos, se tendrá que imputar el hecho a título de culpa, por no guardar las reglas del cuidado debido en el caso. De igual manera, se deberá proceder cuando el superior actúe defectuosamente para evitar el daño y por tal razón, no lo logra, siempre y cuando, su actuar defectuoso infrinja el deber objetivo de cuidado. Por faltar el acuerdo previo en estas situaciones, el superior responderá por el delito culposo cometido como autor accesorio, reconociéndosele una rebaja por no tener la dominabilidad del hecho extratípico imprudente.

En tercer lugar, se incluyen casos donde el superior por su conocimiento, experiencia y experticia, debió actuar de una forma determinada y no lo hizo. En estos casos es muy recurrente el error de imputar responsabilidad porque el procesado ha debido conocer la situación, y en virtud de ello, debió actuar conforme lo sugieren ciertas normas de cuidado. Sin embargo, si se demuestra que la persona no pudo conocer los hechos que ameritaban determinada actuación, se presenta un error de tipo invencible. Por ello, lo primero es demostrar que la persona sí conoció los hechos, y luego determinar si a pesar de ello, no actúo o tuvo un proceder defectuoso con lo que se infringe el deber objetivo de cuidado, ya sea por impericia, por imprudencia o negligencia. En todo caso, la imputación por un delito realizado por comisión por omisión culposa debe iniciar con determinar qué conoció el agente, para poder imputar responsabilidad por culpa, a partir de ese conocimiento, y los conocimientos especiales que tenga el agente, que también son muy importantes en el análisis de la culpa penal.

Responsabilidad de los socios y de los miembros de los órganos de administración.

En relación con sus ámbitos de competencia, los socios responderán por las decisiones que les correspondan tomar de acuerdo con esa calidad, y que puedan configurar hechos delictivos, tanto en la modalidad dolosa, como en la modalidad culposa.

Sobre los socios hay que hacer una claridad especial, pues de acuerdo al tipo de sociedad pueden cumplir varios roles. En sociedades personales como las colectivas, las limitadas y las encomanditas, los socios pueden ejercer funciones como representantes legales, gestores, o administradores, y por ello, responderán también de acuerdo con el rol que cumplan, y de conformidad con su participación en los hechos delictivos.

En las sociedades de capital, como las sociedades anónimas, las funciones de los socios, salvo que alguno cumpla una doble calidad, esto es de representante legal o miembro de un órgano de administración, por regla general, su papel se limita a votar las decisiones que se tomen en la asamblea de accionistas. Por otra parte, en este tipo de sociedades, las principales decisiones administrativas las toma un órgano de administración, llámese un concejo o una junta directiva, que delegan en el representante legal la ejecución de dichas decisiones. De esta forma, los miembros de los órganos de administración también responderán penalmente por los contenidos y efectos que tengan sus decisiones.

Cuando los socios toman una decisión colectiva en la asamblea general de accionistas, y delegan su ejecución en los órganos de administración o en el representante legal, y no participan en más actos diferentes a su planificación y decisión, podrán ser imputados como determinadores del hecho delictivo, contenido o derivado de la decisión, ya sea este doloso o culposo.

En la responsabilidad penal por la toma de decisiones colectivas existe una regla general de imputación que dice: quién no se oponga a una decisión ilícita, y además no haga nada para corregirla, será responsable por los resultados que se produzcan en desarrollo de esa decisión[115]. Esta regla aplica tanto para los socios, como para los miembros de los órganos directivos de la sociedad.

En consecuencia, para que un socio o miembro de un órgano de administración pueda salvar su responsabilidad por la toma de una decisión ilícita, debe oponerse a la misma y a su vez, realizar todos los actos tendientes para dejarla sin efecto, pues su inacción puede ser vista como una forma de promover la realización de la conducta punible[116]. Por esta

---

[115] FARALDO CABANA, Patricia. Delitos societarios. Tirant lo Blanch. Valencia. 1996. Pág. 266-268; SILVA SÁNCHEZ, Jesús María. Fundamentos del derecho penal de la empresa. Ob. Cit. Págs. 115-127.
[116] Ob. Cit.

línea, se configura una responsabilidad de acción cuando aprueba una decisión que es ilegal; y una responsabilidad por omisión, en caso de que no realice las acciones tendientes a dejar la decisión sin efectos, debiendo ser sancionada de forma más drástica la primera, que la segunda.

En el mismo sentido, esta regla de imputación jurídica hace que los socios o miembros ausentes de los órganos de administración, y que no participaron en la decisión tomada, sean responsables si omiten realizar las acciones pertinentes para dejar sin efectos la decisión ilegal después de conocerla, pues se puede entender su ausencia, como una forma de asentimiento o colaboración de la decisión ilegal, y una forma de evadir su responsabilidad penal[117].

Ahora bien, si a la decisión tomada por los accionistas o miembros de los órganos directos, de la cual se desprende la realización de una conducta punible, se suma la participación de los mismos en la ejecución de las decisiones, los accionistas o miembros de los órganos directivos que actúen, podrán ser responsables penalmente como coautores, si de la importancia de su aporte posterior, se puede concluir que tienen el dominio funcional sobre el hecho ilícito. Esta situación es mucho más frecuente en las sociedades de

---
[117] Ob. Cit.

personas, donde los socios ostentan al mismo tiempo la calidad de gestores, de administradores y de representantes legales.

Por el contrario, si el socio o miembro del órgano directivo, además de tomar la decisión, colabora o hace un aporte a la ejecución de la conducta punible, que no es de tal importancia como para afirmar que tiene el dominio funcional sobre el hecho, se podría configurar una doble cualificación, pues al participar en la decisión sería determinador, y al colaborar en la ejecución sería cómplice. Pero esta posibilidad es inadmisible pues de acuerdo con el principio nem bis in ídem, no podríamos punir a la persona dos veces por el mismo hecho, así que la solución plausible sería imputarle su participación más gravosa, esto es la de determinador, dejando de lado la imputación como cómplice.

En este grupo de accionistas y directivos, también se pueden presentar casos de autoría mediata, en los cuales, puede ocurrir que los accionistas induzcan mediante actuaciones fraudulentas o engañosas, en error a los ejecutores de las decisiones para realizar sus propios delitos. O puede ocurrir que el representante legal o el contador engañen a los socios o directivos para que tomen decisiones en las cuales se pueden configurar delitos, como la aprobación de unos estados financieros falsos. Y de igual manera, pueden algunos de los socios o miembros del órgano directivo, engañar a sus colegas, para tomar decisiones que terminen favoreciendo la comisión de unos hechos delictivos. También se presenta una autoría mediata en los mismos casos, si en vez de engaños o artimañas, se utilice la coacción.

También se configura la autoría mediata como se mencionó anteriormente, de los socios y miembros de los órganos directivos hacia funcionarios de inferior jerarquía como el representante legal, los jefes de los departamentos y los empleados, cuando éstos últimos no puedan percibir dentro de sus competencias y sus funciones, debido a la falta de información o información incorrecta, que se está llevando a cabo una conducta ilícita. Ahora bien, si existe conocimiento por parte de los subalternos de que se está ejecutando una conducta ilícita, y aun así se sigue adelante, se vuelve a la figura de la determinación por parte de los socios o miembros directivos, y de la coautoría frente a los subalternos. Igualmente, se pueden presentar casos de determinación de hechos culposos, donde el autor mediato responde a título de dolo, y el instrumento por incurrir en un error vencible, responde a título de culpa, siempre que el delito admitiera esa posibilidad.

Una de las funciones principales y de mayor cuidado de los socios o de los miembros de un órgano directivo, es dar autorización al representante legal para ejecutar cierto tipo de actos establecidos en los estatutos. Esta función es recurrente en muchas empresas, y surge como uno de los límites o controles más importantes, de los socios o miembros de un órgano directivo, a las actuaciones de los representantes legales. Dentro de esa función se pueden presentar igualmente casos de autoría mediata de parte de los socios o miembros del órgano directivo hacia el representante legal, o de este hacía aquellos. También puede presentarse una coautoría tanto en delitos dolosos, como en delitos culposos, si los miembros del cuerpo colegiado mantienen el dominio funcional sobre el hecho ilícito. O puede presentarse una instigación por parte del órgano colectivo y una autoría por parte del representante legal.

En los casos de delitos especiales, si el socio o miembro del órgano directivo ostenta la condición exigida en el tipo, será autor o coautor de la conducta punible, si ostenta el dominio funcional sobre ésta. Pero si no tiene la condición especial exigida en el tipo, responderá a título de interviniente si de acuerdo con la importancia del aporte que realiza se puede concluir que tiene el dominio funcional sobre el hecho. Si en cambio no tiene el dominio funcional sobre el hecho, le podrá ser imputada la calidad de cómplice o de inductor según el caso. Ahora bien, si el socio o miembro del órgano directivo, no tiene la condición, pero funge como representante de derecho o de hecho de quién sí la tiene, responderá como autor o como coautor, de conformidad con la figura del actuar por otro.

Responsabilidad del representante legal y de los directores de departamento.

En una empresa, los representantes legales y los directores de departamentos o de áreas, son los ejecutores de las decisiones tomadas por los socios y los miembros de los órganos directivos, pero a su vez de las políticas generales de funcionamiento de la empresa y de los estatutos de la organización.

El representante legal tiene bajo su cargo el deber de coordinación general de todos los procesos y la ejecución de los planes de la empresa. A su vez tiene, la facultad de representación legal de la empresa en cualquier acto jurídico que deba realizar el ente jurídico, y la facultad de ordenador del presupuesto de la entidad dentro de los límites que establezca el Estatuto.

Pese a tener a su cargo todas las funciones vitales de la organización, el representante legal delega la ejecución de varias de ellas, en los directores de departamento o jefes de áreas, y estos a su vez, delegan algunas de ellas, en algunos empleados.

De acuerdo con esta estructura, un representante legal podrá realizar actos ilícitos por sí mismo, como un abuso de confianza al apoderarse de cierta cantidad de dinero o de cierto bien mueble de la empresa, sobre los cuales responderá penalmente a título de autor. También puede realizar actos ilícitos a través o con la participación de sus subordinados, situaciones que pueden presentar algunas variantes que entraremos a analizar a continuación.

Si el representante legal realiza un delito común con la participación de sus empleados, serán coautores todos los que por la importancia de su aporte tengan el dominio funcional sobre el hecho, y los que no, responderán a título de instigadores o cómplices según el caso.

Si el administrador dolosamente delega una función para que el delegado junto con otros, ejecuten el delito, el representante legal, responderá como instigador, y los demás como coautores o cómplices según el caso. Si alguno determina al representante legal para que delegue dolosamente una función para que otro u otros realicen una conducta punible, el representante legal continuará en este caso teniendo la calidad de instigador del delegado, y el hombre de atrás de quién salió la idea, sería un determinador del determinador[118].

Si la conducta punible es realizada dolosamente por un director de un departamento o área, sin la participación del representante legal, el director responderá a título de autor, y el representante legal podrá responder de acuerdo con las reglas de la delegación, si falló en la vigilancia y control periódico debido, como autor imprudente del delito, en la modalidad de comisión por omisión si la negligencia es grave, y no se pueda argüir el principio de confianza o la prohibición de regreso, para exonerarse de responsabilidad. En todo caso, deberá reconocerse una disminución punitiva por no tener el dominio del hecho.

---

[118] Sobre el tema VELÁSQUEZ VELÁSQUEZ. Fernando. Manual de Derecho penal parte general. Ob. Cit. Págs. 591 y 592.

Si en cambio, el delito cometido por el director de un departamento o área, es culposo, el representante legal podrá alegar el principio de confianza a menos que se haya presentado una causal para su quebrantamiento, o que no se haya realizado los deberes de vigilancia y control periódicos. Si al resultado del delito culposo realizado por el director del área, contribuye un defecto de organización imputable al representante legal conocido por la empresa, éste podrá ser responsable como cómplice culposo de un delito culposo. Esto sucedería por ejemplo, en el caso de la muerte de un niño en el pabellón de pediatría de un hospital, en el cual, no operan los suficientes médicos para atender a toda la población infantil internada en el centro hospitalario. El médico que atendió al niño que murió, no le brindó la atención debida, porque estaba atendiendo a cinco niños más. Si bien el médico es el autor del delito culposo de homicidio, el defecto en la organización de no tener suficientes médicos para atender a la población interna en el hospital, le puede ser imputable al director que claramente conocía de la situación y no hizo nada para evitar el riesgo, pudiéndolo hacer. En éste caso, tanto el médico como el director del hospital asumieron el riesgo de atender demasiados pacientes, por lo que existe un acuerdo tácito en adelantar una conducta riesgosa, por lo tanto, el médico responde en calidad de autor del delito culposo por tener en ese caso la dominabilidad del hecho imprudente que es la atención simultánea de varios pacientes de forma inapropiada, y el director respondería como cómplice culposo, por comisión por omisión, pues su inacción genera un defecto en la organización que contribuye a la producción del resultado.

Por otro lado, también pueden presentarse casos de autoría mediata del representante legal hacia los directores, y de éstos hacía aquel, siempre y cuando, no se quiebre el principio de confianza, pues en caso de quiebre de este, podrá imputarse al autor mediato la conducta dolosa, y al instrumento la conducta culposa si la existiere, por la aplicación de un error de tipo vencible, o porque se configura una infracción al deber objetivo de cuidado.

En los casos de los delitos especiales, el representante legal por regla general ostenta la condición especial requerida en el tipo, si no directamente, sí a través de la figura del actuar por otro. Por esta razón, se le podrá imputar casi siempre en calidad de autor, mientras que las otras personas que participen en el delito especial, por no tener la calidad exigida en el tipo, serían responsables a título de intervinientes.

Por otro lado, puede ocurrir que el representante legal haya delegado determinada función a un director o a un empleado, acto que puede implicar que el director o empleado tenga la calidad de representante de derecho o de hecho de la persona que ostenta la calidad exigida en el tipo, por lo cual, en virtud de la figura del actuar por otro, el director o empleado delegado, sería responsable a título de autor. En estos casos, la lógica indica que si el representante legal delegó la función pero sigue teniendo el dominio funcional sobre el hecho sería un coautor, puesto que la función a pesar de tenerla el delegado, la puede reasumirla en cualquier momento, o en su defecto puede delegar a otra persona, revocándose así el poder. El tema central de esto, es que si el representante legal actúa dolosamente manteniendo el dominio funcional sobre el hecho, pero delega en un subalterno la función dentro de la cual se produce la conducta punible, con el propósito de ocultar o disminuir su responsabilidad, deberá ser responsable en calidad de coautor del delito especial, muy a pesar de haber delegado la función, porque él es el principal responsable de ésta, y porque en el caso planteado, la sigue ejerciendo a través de una falsa delegación, con la que busca beneficiarse. Debido a lo anterior, no hay razón, ni en el grado de injusto, ni en el grado de culpabilidad para atenuar la pena, al representante legal que actúe de esta manera, ni degradar su responsabilidad de una coautoría a un interviniente.

Ahora, cosa diferente es que el representante legal luego de delegar la función, solo instigue o determine a su delegado a realizar el hecho delictivo, pero se desentiende de la ejecución del delito. En este caso, el representante legal solo responderá como instigador, y el delegado como autor del delito especial. Si por el contrario, es el delegado quién instiga al respresentante legal a cooperar delegando la función, y luego de producida la delegación el representante legal se desentiende de la ejecución de la conducta, éste, solo responderá como cómplice de la conducta, y el delegado responderá como autor o coautor, si él mismo se encarga de la ejecución de la conducta. Pero si luego se desentiende de la ejecución responderá como instigador.

Ahora bien, si el representante legal planea la realización de un acto criminal, y da la orden a un Director de área, para que le comunique al empleado que ya puede ejecutarla, el representante legal en ese caso será responsable por determinador o instigador, el empleado como autor, y el director de área como cómplice, pues el solo se encarga de transmitir la orden dada por el Representante Legal. En este caso, no es posible aplicar la teoría de la autoría mediata por dominio de la organización, pues como se dijo arriba, en primer lugar por innecesaria, porque el representante legal recibiría la misma pena del autor, al ser responsable por instigación; y segundo porque no se cumpliría el requisito de que la organización se encuentre permanentemente actuando al margen del ordenamiento jurídico. Sólo cabría la posibilidad de la una autoría mediata, si el autor mediato induce en error al instrumento, o si en su defecto lo coacciona.

La posición de garante del empresario y la comisión por omisión.

La posición de garante de es uno de los temas más aplicados en el derecho penal empresarial. Desde la perspectiva del derecho penal económico, se ha planteado la necesidad de utilizar la figura del garante y de la comisión por omisión para lograr una mayor eficiencia del derecho penal en los delitos realizados, en y a través de la empresa. Por un lado, se ha visto en este ámbito, que el sujeto más importante no es el ejecutor del delito, sino el hombre de atrás, este fenómeno lo explica el profesor Martínez-Buján de la siguiente forma:

> "Desde la perspectiva jurídico-penal se produce así en la práctica un traslado de la imputación personal hacia los miembros que se encuentran en los escalones más bajos de la organización, toda vez que sólo ellos

realizan por sí mismos materialmente la conducta típica descrita por la ley. Por lo demás, ese traslado de la responsabilidad criminal hacia abajo lleva aparejado un indeseable menoscabo del efecto preventivo de las normas penales.

(...)

De un lado, las mencionadas estructuras de imputación habrán de ser perfectamente aptas para atribuir el hecho delictivo a los verdaderos responsables (en sentido criminológico), que están situados en un nivel jerárquicamente superior al que ocupan los ejecutores materiales; solo de esta manera se podrán satisfacer plenamente las necesidades preventivas. De otro modo, empero, habrá que evitar la introducción, más o menos solapada, de formas de responsabilidad objetiva, con el fin de respetar escrupulosamente las exigencias garantísticas del Derecho penal.

Llegados a este punto, y con arreglo a lo que se acaba de exponer, procede efectuar una división elemental entre, por una parte, la cuestión de la responsabilidad del ejecutor material e inmediato del hecho, situados en los escalones más bajos de la jerarquía empresarial, y, por otra parte, la cuestión de la responsabilidad atribuible al órgano directivo por el comportamiento de los subordinados. Esta última es la cuestión realmente compleja y, por ello mismo, la cuestión verdaderamente controvertida en la doctrina actual."[119]

La necesidad de recurrir a las figuras de la posición de garante, y la comisión por omisión, también se puede explicar desde el punto de vista político criminal, para evitar vacíos legales, y por otra, desde el punto de vista probatorio, como bien lo explica el profesor Silva Sánchez:

"..., en primer lugar, porque cabe imaginar hipótesis en que el hecho delictivo no responda a instrucciones de los sujetos situados en los niveles superiores de la empresa, sino que surja por propia decisión de algún inferior, en cuyo caso la responsabilidad de los administradores o altos directivos obviamente no podría fundarse en lo que realizaron activamente, sino precisamente en lo que no realizaron (evitar el hecho del interior). Pero incluso aunque se diera una organización del hecho desde las instancias superiores, el recurso a la comisión por omisión puede ser necesario, en buen número de casos, por razones prácticas, probatorias. En efecto, en ciertos casos no puede acreditarse ni la ejecución activa y directa del hecho por parte del sujeto, ni la instrumentalización que es

---

[119] MARTINEZ-BUJAN, Carlos. Ob. Cit. Págs. 462-463.

característica de la autoría mediata, ni, en fin, la incidencia activa que requieren las formas de participación comisiva. En cambio, sí se podrá acreditar más fácilmente que el hecho delictivo realizado por un inferior jerárquico tuvo lugar en la esfera de competencia del superior (administrador, alto directivo) quien pudiendo, no lo evito. Sobre todo, si se tiene en cuenta la posibilidad de que en esta materia opere la prueba de indicios."[120]

Ante tales necesidades y realidades, varios autores, entre ellos Bacigalupo, Feijoó Sánchez, Batista, entre otros[121], que se han encargado del tema de la delincuencia empresarial, han planteado que el empresario asume una posición de garantía frente a los posibles resultados dañosos que pueda producir su empresa en desarrollo de su actividad principal. Para ello,

---

[120] SILVA SANCHEZ, Jesús María. Derecho Penal de la empresa. Ob. Cit. Pág.78

[121] BACIGALUPO, Enrique. Posición de garante en el ejercicio de funciones de vigilancia en el ámbito empresarial. Curso de Derecho Penal Económico. Segunda Edición. Madrid: Marcial Pons, Ediciones jurídicas y sociales S.A. Madrid- Barcelona. 2005. págs. 177-189; FEIJOÓ SANCHEZ, Bernardo. Derecho penal de la empresa e imputación objetiva. Ob. Cit. Págs. 200-210. HERNANDEZ BASUALDO, Héctor. (2010) Apuntes sobre la responsabilidad peal imprudente de los directivos de empresa. En BERRUEZO Rafael; RODRÍGUEZ Juan María; et al. Derecho Penal Económico. B d F. Buenos Aires. 2010 págs. 223-2228; CERVINI, Raúl; ADRIASOLA, Gabriel. Ob. Cit. Págs. 201-236; BATISTA GONZÁLEZ, María Paz. La responsabilidad Penal de los órganos de la empresa. Curso de Derecho Penal Económico. Segunda Edición. Madrid: Marcial Pons, Ediciones jurídicas y sociales S.A. Madrid – Barcelona. 2005 páginas 143-155; MEINI, Iván. (2005) Problemas de autoría y participación en la criminalidad estatal organizada. En Nuevo Foro Penal. No 68. Medellín. Julio – Diciembre 2005. Págs.345-347.

entienden la empresa como una fuente de riesgo, que requiere de constante vigilancia para que no le cause daños a la sociedad en general.

De conformidad con el artículo 25 del Código Penal, las conductas punibles pueden realizarse por acción o por omisión, y por ello, la persona que teniendo el deber jurídico de impedir un resultado contenido en un tipo penal, y teniendo la posibilidad de hacerlo, no lo haga, incurrirá en la pena de la respectiva sanción penal. Pero que en todo caso, "se requiere que el agente tenga a su cargo la protección en concreto del bien jurídico o que se le haya encomendado como garante la vigilancia de una determinada fuente de riesgo, conforme a la Constitución o a la ley."

De conformidad con el artículo 200 del Código de Comercio, plantea que "los administradores responderán solidaria e ilimitadamente de los perjuicios que por dolo o culpa ocasionen a la sociedad, a los socios o a terceros." Esta responsabilidad derivada del Código de Comercio, se refiere a la responsabilidad civil derivada del ejercicio de su cargo, pero impone unos deberes generales a los administradores de no causar daños a la sociedad, a los socios o a terceros. Este deber puede ser entendido como un deber legal al interior del código penal, excluyendo los efectos de responsabilidad ilimitada y solidaria, que no se aplican en derecho penal, por los principios de culpabilidad y responsabilidad individual.

Posteriormente, menciona el mismo texto legal: "En los casos de incumplimiento o extralimitación de sus funciones, violación de la ley o de los estatutos, se presumirá la culpa del administrador." En este aparte también se pueden derivar deberes generales de no infringir la ley y los estatutos, y de no incumplir ni extralimitarse de sus funciones, en todo caso, también se aclara que la presunción de culpa no es aplicable en el derecho penal, debido al principio de la presunción de inocencia que rige en esta materia (Art. 29 de la C.N.).

También, en el artículo 23 de la Ley 222 de 1995, se establecen como deberes legales de los administradores el "realizar los esfuerzos conducentes al adecuado desarrollo del objeto social" y el "velar por el estricto cumplimiento de las disposiciones legales o estatutarias." De esta forma, queda claro que el administrador debe velar por el cumplimiento de las disposiciones legales y estatutarias, y en consecuencia debe realizar todos los actos pertinentes para evitar la comisión de delitos.

En las sociedades mercantiles, de acuerdo con su tipo (colectivas, anónimas, limitadas, encomanditas, o sociedad por acciones simplificadas), la función de administrar puede estar en cabeza de los socios, de una junta directiva o de un representante legal. También es necesario tener en cuenta, que la función de administrar se dispersa por toda la organización, pues el representante legal y los órganos directivos, pueden delegar varias de sus funciones a directores de áreas o empleados. Desde esta perspectiva, la función de garante que inicialmente tiene el representante legal y los órganos directivos, con sus deberes generales de administración, pueden estar en cabeza de otras personas al interior de la organización, dependiendo de la labor, del área del conocimiento o del proceso productivo que se va a realizar.

Debido a las complejas estructuras empresariales, por razones lógicas, las posiciones de garantían se modifican de conformidad con el fenómeno de la delegación. De esta forma, los directores de área asumen una posición de garante que los obliga a actuar, para evitar que las personas a su cargo, le causen daño a la empresa, a los socios o a terceros, dentro de su ámbito de competencia.

En esta lógica, la responsabilidad por comisión por omisión puede presentarse de manera dolosa, en el garante de determinada actividad, que por regla general es un director de departamento o un director de área, cuando el superior tiene conocimiento que alguno o varios de sus subordinados van a iniciar dolosamente la comisión de una conducta punible, porque es informado previamente, y muy a pesar de tener el deber y la posibilidad de evitarlo, no lo hace, acordando con los ejecutores, antes de que se realice la conducta, guardar silencio. En este caso, los empleados responderán como coautores, y el director, en el presente caso, debería ser responsable como cómplice.

Al respecto pueden existir argumentos en contra de punir al director del área como cómplice, planteando que al tener posición de garante en el presente caso, debió actuar para evitar el resultado y no lo hizo, por lo cual, debe ser responsable en calidad de autor por comisión por omisión. Respecto de esta posición se deben plantear varias objeciones, que apoyarían nuestra posición de punir al directo como un cómplice y no como un autor:

Primero, la posición de garante es una teoría que explica muy bien los supuestos jurídicos para que se pueda imputar responsabilidad penal por comisión por omisión, pero por ello, no puede convertir casos de complicidad por cooperación a la conducta delictiva de otro, en casos de autoría, pues se estaría privando de una rebaja significativa a un participe de la conducta punible.

Segundo, la complicidad es un dispositivo amplificador del tipo, que se pune por colaborar con la comisión de un delito perpetrado por otra persona. De ahí que una de las características de la complicidad, sea su accesoriedad, es decir, es una figura dependiente de la autoría. La condición objetiva para que se configure la complicidad, es la realización de un aporte, que puede ser mediante una acción, como conseguir el arma al homicida, o mediante una omisión, no informarle del hecho que se va a ejecutar a las autoridades o a la víctima. Por ello no parece plausible que si el aporte del cómplice se trata de una omisión, por tener posición de garante, ya el cómplice no sería tal, sino un autor por comisión por omisión.

Tercero, la importancia del aporte como lo vimos, es uno de los elementos según la Ley, que diferencian a un coautor de un cómplice, y en un hecho delictivo, no es lo mismo guardar silencio, que ejecutar la conducta punible, porque la persona puede haber acordado guardar silencio y no hacer nada en contra de los coautores, pero si el hecho es aplazado o cancelado, nada ocurre, por ello, es que definitivamente en el caso planteado, existe un alto grado de accesoriedad de la conducta del que omite.

Cuarto, en el caso planteado, existe un acuerdo previo y una división de trabajo, pero quién decide el sí y el cómo de la conducta punible, no es el director del departamento, sino los empleados, por tanto, el director carece del dominio funcional sobre el hecho, y por ello sería un cómplice.

Quinto, se habla de una equiparación entre la conducta omisiva y la conducta activa, de tal manera que se compruebe que si la conducta del omitente se hubiera realizado, el resultado no se hubiera producido. Se habla aquí de una causalidad hipotética, que cambia totalmente los hechos ocurridos, incluyendo una conducta imaginaria, para analizar mentalmente si el resultado de todas maneras se hubiera dado. Esta solución parece ser muy subjetiva, porque si se cambia los factores de una operación, el resultado al menos en la mente, va a variar, por lo que posiblemente, se pudiera concluir causalmente que en todos casos, si el omitente hubiera actuado, el resultado hubiera sido distinto. Y de acuerdo con este argumento, la condena al omitente sería segura.

Sexto, hay quienes consideran que un criterio diferenciador entre autores y cómplices en una omisión, es demostrar que si con la conducta omitida se evitaría el resultado, el omitente respondería como autor. Pero si la conducta omitida no hubiera evitado el resultado, sino que lo hubiera estorbado, el omitente respondería como cómplice[122]. Con ello, se busca

---

[122] PORTILLA CONTRERAS. Guillermo. "Complicidad omisiva de garantes

encontrar un límite, para admitir la complicidad omisiva, sin embargo, el defensor alegará que la conducta de su defendido solo hubiera podido estorbar la ocurrencia del resultado, y la fiscalía argumentaría que si el omitente hubiera realizado la conducta omitida el resultado no se hubiera presentado. Lo cierto es, que este debate nos trasporta a la teoría de la equivalencia de las condiciones, donde cualquier factor que contribuya a la producción del resultado es causa del mismo, teniendo con ello, mucha ventaja la fiscalía.

Séptimo, según Gimbernat[123], lo importante de un delito de comisión por omisión, no es la causalidad, -pues también considera a la causalidad en la omisión como una causalidad hipotética, según se ha explicado anteriormente-, sino la creación del riesgo jurídicamente desaprobado que implica de por sí, la falta de actuación por parte del omitente. Es decir, que el omitente, aumenta el riesgo al bien jurídico protegido con su no actuar, en el planteamiento de Gimbernat, el bien jurídico es en sí, una fuente de riesgo, que el garante debe controlar dentro de los límites del riesgo permitido. Visto desde esta perspectiva, dicho planteamiento tiene un acercamiento a la teoría de los delitos de infracción al deber

---

en delitos comisivos". En estudios penales en Homenaje a Enrique Gimbernat. Editorial: Edisofer. Madrid. 2008. Págs 1519- 1542.
[123] GIMBERNAT ORDEIG. Enrique. Estudios sobre el delito de omisión. Segunda edición. Editorial Bdf. Maestros de derecho Penal No. 4. Buenos Aires.2013. págs.318-329.

de Roxin[124], donde lo importante es, determinar que el sujeto tiene una posición especial en la sociedad que le impone unos deberes específicos para evitar que se afecten determinados bienes jurídicos, por tanto, habrá responsabilidad si el autor incumple esos deberes. Esta discusión, nos devuelve al problema inicialmente planteado, y es por qué un individuo, a pesar de infringir un deber de actuar en determinada forma, una persona que actúa como cómplice, se convierte en autor por tener posición de garante.

Octavo, teorías como la del dominio sobre la evitación del resultado de Schunemann[125], y de la competencia de Jakobs[126], tampoco permiten dar una respuesta clara a los problemas aquí planteados. Pues la teoría del dominio sobre la evitación del resultado cae nuevamente en la discusión de si la conducta del autor hubiera evitado o estorbado el resultado. Y la teoría de la competencia, también cae en confusión, cuando se busca a través de los roles sociales, qué persona sería la competente para evitar la comisión de un resultado típico, es decir, que en vez de acudir a la infracción de deberes jurídicos

---

[124] ROXIN, Claus. Autoría y dominio del hecho en el derecho penal. Ob. Cit. Pág. 385-393.
[125] SCHUNEMANN, Bernd. Aspectos puntuales de la dogmática jurídico penal. Grupo editorial Ibáñez. Santo Tomás. Bogotá. 2007. Págs. 202-203, 206.
[126] JAKOBS, Gunther. Imputación objetiva en el derecho penal. Ob. Cit. Págs. 73-101.

como lo hace Roxin, Jakobs acude a la infracción de roles sociales lo cual es mucho más abierto e indeterminado.

Noveno, en la legislación alemana (parágrafo 13 del Código Penal alemán), se ha reconocido una rebaja al autor por comisión por omisión, entendiendo que no puede tener igual responsabilidad que un autor que realiza la conducta a través de una acción, por lo menos no en todas las veces.

Décimo, la omisión es una inversión de la carga de la prueba, porque en una acción, la fiscalía debe demostrar que el hecho sí ocurrió, pero cuando a un procesado le imputan una omisión, es al procesado a quién le corresponde probar por qué no actuó, o que sí actuó pero no pudo evitar ese resultado.

En mi concepto, casos como el de la mujer que no alimenta a su bebé recién nacido; la esposa que no alimenta a su esposo cuadripléjico; del policía que no detiene al sujeto que está a punto de violar a una niña; del general que conociendo que un grupo armado va a realizar una masacre a un pueblo, y no moviliza a la tropa para hacerle frente al enemigo, dejando a la población a merced del mismo, son verdaderamente complicados, pues en todos nos gustaría que las personas que tienen posición de garante actuaran, para evitar esos resultados tan graves.

Igualmente, en tales casos se denota un problema causal que es necesario analizar. En el caso de la madre que no alimenta a su bebé, y de la esposa que no alimenta a su esposo cuadrapléjico, la total dependencia del bien jurídico de la protección del garante, hace que la única posibilidad para que no se dé el resultado es que el garante actúe. En ambos casos los garantes deben organizar un escenario especial, pues además de no alimentar a las personas que tienen a cargo, deben lograr que nadie acuda a socorrerlos para que mueran por inanición. En estos casos, la absoluta dependencia del bien jurídico respecto del garante, y el dominio total que se tiene sobre la evitabilidad del resultado, permiten concluir la equivalencia entre estas conductas y un homicidio comisivo doloso.

En los casos del general y del policía, se presenta una situación diferente, pues su acto colabora con la ejecución de un hecho doloso de un tercero, que está resuelto a realizar el hecho. También se puede decir que si el policía o el general hubiesen actuado en cada caso, hubiesen podido haber evitado o cambiado el resultado, pues el policía pudo haber ahuyentado al violador haciéndolo desistir de acceder a la niña, o el general, pudo, con sus hombres haber rechazado el ataque enemigo y salvado a la población civil. Sin embargo, en estos casos, hay un alto grado de azar porque también, el violador pudo haber sacado un arma y disparado en contra del policía, e igualmente, pudo haber accedido a la menor. Incluso, la tropa del general pudo haber sido vencida por los enemigos en batalla, y éstos igual, pudieron haber perpetrado la masacre en el pueblo. Ante este grado de azar, no puede existir equivalencia entre la acción y la omisión, por tanto, considero que debe reconocerse una rebaja en la pena.

Como se dijo anteriormente, en legislaciones como la alemana se concede la opción de una rebaja de pena para el garante omitente. Considero que una de las razones que justifican esta rebaja punitiva, es que al garante, se le agrava su condición, porque no responde por omisión de socorro, como cualquier persona en esos casos, sino directamente por el acceso carnal y por los homicidios en personas protegidas. Es claro también en ambos casos, que los garantes tienen un deber de actuar especial, y la dependencia del bien jurídico frente al garante es alta, es decir, tanto la niña que iba a ser accedida carnalmente, como la población civil que iba a ser masacrada, podían defenderse o huir, pero los garantes en cada caso, les podían ofrecer una mayor protección.

Otra razón para justificar una rebaja en la condena de un garante omitente, es que en los dos casos planteados, se presenta una autoría accesoria porque al no existir acuerdo común con los autores directos, no puede configurarse una coautoría o una participación. Y así como en el ejemplo clásico de autoría accesoria donde A quiere matar a C dándole un veneno, pero B se adelanta y mata a C con un puñal, por lo que A responde por tentativa de homicidio y C responde por el homicidio, tampoco es posible que la pena sea la misma para quién actúa para dañar al bien jurídico, y para quien no realiza una determinada acción salvadora.

Ahora bien, si se presenta un acuerdo común entre las personas que ejecutan el hecho, y las personas que omiten acciones, se debe analizar si entre los que omiten, ese deber omitido es de tal importancia para el plan criminal, que se pueda concluir que existe dominio funcional del hecho, de lo contrario serían cómplices. Por regla general, quien acuerda guardar silencio para que otro ejecute una conducta punible, no es coautor, sino cómplice.

En síntesis, no en todos los casos el garante que omita actuar podrá ser catalogado de autor, porque pueden presentarse casos en los que su aporte omitiendo no es de tal importancia que se pueda concluir que tenga el dominio funcional sobre el hecho. Cuando el garante funja como autor accesorio o como coautor se podrá conceder una rebaja, si luego de haber hecho un proceso de causalidad hipotética, se puede establecer que su conducta no es equiparable a una conducta activa, ya sea porque su conducta no podía, certeramente evitar el resultado, y es posible en cambio lo hubiese evitado o simplemente lo hubiese alterado. No es posible reconocer la rebaja en casos donde la víctima se encuentre totalmente desprotegida y dependa totalmente del garante, como el caso del bebé recién nacido, la persona inconsciente o el cuadripléjico, porque las circunstancias de estos casos permiten equiparar la conducta activa con la omisiva.

LA AUTORIA Y LA PARTICIPACIÓN EN LA RESPONSABILIDAD PENAL POR EL PRODUCTO.

CASO LEDERSPRAY[127].

Este caso ocurrió en Alemania, donde la empresa Werner und Mertz BmbH fabricaba un aerosol destinado al cuidado de zapatos y otros artículos de cuero. El producto era comercializado a través de dos empresas (E.R. GmbH y S-GmbH) que hacían parte de un mismo grupo económico denominado E.R. GmbH. A mediados de 1980 la empresa comenzó a recibir informes de personas que habían utilizado el producto, y que venían sufriendo de ciertas molestias de salud como trastornos respiratorios, tos, náuseas, escalofríos y fiebre, y se también se relacionó con casos de edema de pulmón[128].

Los informes motivaron que la empresa realizara varios estudios con fundamento en los embases que devolvían los clientes, en ellos, no se hallaron defectos de fabricación, pero si se encontró que se había modificado la composición del producto pues se había elevado la proporción de aceite de siliconas[129]. A pesar de ello seguían llegando más informes de personas afectadas, por ello la empresa consultó a médicos y

---

[127] Los hechos del caso Lederspray fueron tomados de SARRBAYROUSE, Eugenio C. Responsabilidad penal por el producto. Ad Hoc.2007,págs. 51-64.
[128] Op.Cit. págs. 51-53.
[129] Op.Cit. pág. 54.

toxicólogos de dos compañías químicas pero tampoco se logró encontrar ningún problema en los componentes del producto. También se cambiaron los proveedores de ciertas materias primas, volviendo a los proveedores de la fórmula inicial[130] a ver si con ello dejaban de presentarse problemas con los usuarios.

En 1981, se encontró que ahora los problemas no solo provenían de una de las marcas de aerosoles de la compañía, sino de dos marcas, por lo que a mediados de abril de 1981 se decidió suspender por un corto tiempo la producción y la comercialización de ambos productos. Pero luego de un nuevo estudio de la división química de la empresa, donde tampoco se encontró la razón de los problemas, se decidió continuar con la producción y la distribución[131].

El 12 de mayo de 1981, se reúne la dirección de las tres empresas incluida entre ellas la matriz del grupo, para tocar el tema de los casos conocidos de trastornos padecidos por los usuarios[132]. En esa reunión participó el responsable del laboratorio central de la firma, quién presentó su informe exponiendo que después de los estudios realizados no se había detectado ninguna sustancia tóxica al producto, por lo

---

[130] Op.Cit. pág. 54.
[131] Op.Cit. pág. 54.
[132] Op.Cit. pág. 54.

que se descartaba su peligrosidad y por ello no era necesario retirarlo del mercado[133]. En dicha reunión también se ordenó realizar nuevos estudios, y se acordó también colocar una etiqueta al producto donde se les anunciaran a los consumidores que el producto estaba bajo estudio, y que en caso de que las investigaciones arrojaran como resultado "un auténtico defecto del producto" o "un riesgo comprobable derivado de su uso"[134].

En Septiembre de 1983 la Oficina Federal de la Salud y el Ministerio de la Juventud, la Familia y la Salud alemanes, intervinieron la empresa Werner und Mertz, y ésta decidió retirar el producto del mercado[135].

Los hechos anteriormente resumidos, dieron lugar a una sentencia del Tribunal Supremo de Alemania, donde se destacan dos problemas centrales:

El primero consistió en que luego de varios estudios científicos no se logró establecer en el juicio si el producto contenía alguna sustancia tóxica. El Tribunal alemán concluyó que el juicio de responsabilidad penal no tiene como finalidad demostrar científicamente cual era la sustancia tóxica que contenía el producto, sino que era suficiente con verificar la

---

[133] Op. Cit. pág. 55.
[134] Op. Cit. pág. 55.
[135] Op. Cit. pág. 55.

relación causal entre la afectación a la salud de los consumidores, con el consumo del producto, llegando a descartarse cualquier otra causa como origen de los cuadros clínicos padecidos[136].

El segundo problema, consistió en construir la posición de garantes de los empresarios para imputarles responsabilidad penal. Para ello se fundamentó la responsabilidad penal por comisión por omisión, por no realizar la acción prudente de retirar los productos del mercado o de advertir a los usuarios de los peligros de su utilización[137]. La posición de garante que se les configuró fue el tener bajo su cargo la vigilancia de una fuente de riesgo, en este caso la producción y comercialización de un producto peligroso. Sin embargo, el tribunal dividió los hechos de acuerdo con el tiempo para establecer las siguientes responsabilidades:

1) Los primeros casos presentados, antes de la llegada de los primeros informes sobre los daños que ocasionaba el producto, fueron considerados por el Tribunal Supremo Alemán como casos fortuitos, debido a que de acuerdo con el estado de la ciencia en el momento de la producción, los daños ocasionados por el producto no le eran previsibles al fabricante[138].

---

[136] Op. Cit. pág. 57.
[137] Op. Cit. pág. 58.

2) Luego de la llegada de los informes de los primeros casos y hasta la reunión del consejo directivo del grupo empresarial, las lesiones personales fueron imputadas como una omisión impropia a título de imprudencia, al considerar como imprudente la omisión de no retirar el producto del mercado, y permitir que se siguiera utilizando[139].

3) Luego de la reunión del grupo directivo, ante la acumulación de evidencia sobre los efectos nocivos del producto, y la persistencia en no retirarlo del mercado, los nuevos hechos presentados a partir de esa fecha, se imputaron como una comisión por omisión a título de dolo eventual[140].

4) Por último, la decisión de producir y comercializar más cantidades de aerosol en el mercado, fue imputada como lesiones personales dolosas por acción.[141]

Este caso, me permite iniciar el análisis dogmático sobre la responsabilidad penal por el producto, pues si bien puede claro el concepto de imputación en los momentos referidos por el Tribunal Supremo Alemán, existen ciertos aspectos que se hace necesario aclarar.

---

[138] Op. Cit. págs. 58.
[139] Op. Cit. págs. 58.
[140] Op. Cit. págs. 58.
[141] Op. Cit. págs. 59.

3.1. La posición de garante.

De conformidad con la legislación penal colombiana, la posición de garante se puede configurar tanto en la modalidad dolosa, como en la modalidad culposa, pues la ley no expone limitación alguna. El artículo 25 del C.P. no hace ninguna distinción, y se entiende que la posición de garantía se configura no por la modalidad de la conducta, sino por tener a su cargo la protección de un bien jurídico o la vigilancia de una fuente de riesgo (lo anterior cuando se configura alguna de las posiciones de garante que son la asunción voluntaria, la estrecha comunidad de vida, el inicio de una actividad riesgosa o la creación del riesgo precedente), y la responsabilidad se configura al no realizar las acciones necesarias para impedir los resultados contenidos en un tipo legal, sin importar que la omisión sea dolosa o culposa.

Sobre el tema, se manejan varios planteamientos para dotar de contenido a la posición de garante, por una parte se encuentra la teoría del profesor Roxin en relación con los delitos de infracción a deber[142], según la cual, existen delitos en los que no se aplica la teoría del dominio del hecho, sino

---

[142] ROXIN, Claus. Autoría y dominio del hecho en el derecho penal. Séptima edición. Marcial Pons. 2007. Pág. 385-393.

que se analiza si el autor tenía bajo su cargo el cumplimiento de ciertos deberes establecidos en normas extrapenales, dirigidos exclusivamente al autor para la protección del bien jurídico en el caso concreto. La infracción de esos deberes legales configura la responsabilidad penal, si por su incumplimiento se vulneró un bien jurídico. Esa teoría a su vez, adiciona otro elemento, y es que con la infracción a ese deber, debe aumentarse el riesgo a niveles intolerables por encima del riesgo permitido.

La aplicación de esta teoría se encuentra presente en la decisión del Tribunal Supremo Alemán, que fundamentó la condena por lesiones personales imprudentes en el caso Lederspray, porque la Ley alemana establecía la obligación del productor de retirar el producto cuando este, representara un peligro para salud humana[143]. Así mismo, consideró de temerario el hecho de mantener el producto en el mercado, muy a pesar de las evidencias que señalaban que el producto si estaba causando un daño los consumidores. En términos del profesor Roxin, los empresarios infringieron un deber establecido una norma extralegal, con lo cual aumentaron el riesgo de lesión al bien jurídico por encima del riesgo permitido[144] y por lo tanto, son sancionables[145].

---

[143] SARRBAYROUSE, op. Cit. págs. 58-63.
[144] CADAVID QUINTERO, Alfonso. El incremento del riesgo como facto de atribución de resultados en la imprudencia. Nuevo Foro Penal No.

Por otra parte, también está la tesis del profesor Jakobs[146], quién plantea que todas las personas tienen el deber de organizar su vida de tal manera que no ocasione daños a las demás personas, de ahí se explica la omisión por dominio de la organización que se plantea los deberes generales que tienen todo los individuos de no causar daños a terceros. Pero también explica, que existen ciertas personas que asumen ciertos deberes concretos de evitar ciertos resultados de acuerdo con una función, cargo o posición en determinados contextos sociales, por lo cual, se dice que si la persona es competente para evitar cierto resultado de acuerdo con su rol especial, será responsable si no actúa y el resultado se produce, estos deberes especiales, son los que según Jakobs, se encuentran en el dominio sobre la institución. En el caso de Lederspray, de acuerdo con la teoría del profesor Jakobs, los empresarios eran competentes porque tenían el dominio sobre la institución, para evitar el resultado, debido a que dentro del ámbito de sus competencias, no evitaron la lesión de la vida e integridad de los consumidores.

Otra postura sobre el tema la tiene el profesor Schunemann, quien a diferencia de los autores antes citados, expone que el

---

[145] ROXIN, op. Cit. págs.. 385-393.
[146] JAKOBS, Gunther. Imputación objetiva en el derecho penal. Universidad Externado de Colombia. 1998. Págs. 73- 101.

derecho penal no puede depender de normas extrapenales para fundamentar la responsabilidad penal, ni tampoco de la competencia o de los roles sociales de un ciudadano, y ello primero, porque el derecho penal debe ser independiente de otras áreas del derecho, y debe ser capaz de imputar responsabilidad penal aún las normas extrapenales no existan o se contradigan[147]. Mientras que el criterio de la competencia, o los roles sociales constituyen un peligro para la seguridad jurídica que debe mantener el derecho penal, e impiden la diferencia entre el autor y el partícipe, porque imputa responsabilidad a todos los que de acuerdo con los roles, se consideren competentes[148].

Por ello, considera que el fundamento de la responsabilidad penal por una omisión debe recaer sobre el dominio sobre la evitabilidad del resultado, es decir, si la persona tiene el dominio sobre la protección de un bien jurídico o sobre la vigilancia de una fuente de riesgo, será responsable penalmente si previendo un resultado lesivo, dentro de su ámbito de dominio, deja que el curso causal continúe, como ocurre en el caso del dueño de un perro quién viendo que el animal va a atacar a otra persona, no hace nada, pudiendo hacer algo[149], posición que compartimos en este trabajo.

---

[147] SCHUNEMANN, Bernd. Aspectos puntuales de la dogmática jurídico penal. Grupo editorial Ibáñez. Santo Tomás. 2007. Pág. 206.
[148] Op. Cit. Págs. 202-203.

De conformidad con esta última tesis, la responsabilidad de los directivos de Lederspray se debió fundar en su dominio sobre una fuente de riesgo que constituía un producto[150], que de acuerdo con las evidencias que conocían era muy seguro que estaba causando un daño, y pudiendo evitarlo con alguna decisión (ámbito de dominio), dejaron que el curso causal continuara y se produjeran los resultados típicos.

Principio de confianza y la delegación.

De acuerdo con el artículo 9 del Código Penal colombiano, "Para que la conducta sea punible se requiere que sea típica, antijurídica y culpable. La causalidad por sí sola no basta para la imputación jurídica del resultado." Esta referencia a que la causalidad por sí sola no basta para la imputación jurídica del resultado, le ha permitido a la doctrina y a la jurisprudencia plantear la aplicación de los criterios de la imputación objetiva para limitar el ámbito de protección del derecho penal a sólo

---

[149] Op. Cit. págs. 203-218.
[150] BACIGALUPO, Enrique. Derecho Penal parte general. Ara editores. 2004.
Bacigalupo, Enrique. Posición de garante en el ejercicio de funciones de vigilancia en el ámbito empresarial. Curso de Derecho Penal Económico. Segunda Edición. Madrid: Marcial Pons, Ediciones jurídicas y sociales S.A. 2005. Págs. 177-189

aquellos cursos causales más relevantes, de conformidad con los avances de la teoría de la imputación objetiva.

En el sector empresarial, la división de trabajo y la especialidad de las funciones son conceptos necesarios para el desarrollo de cualquier actividad comercial. En toda empresa existe una estructura de trabajo que se relaciona de manera horizontal, esto es, entre personas que desde una misma posición jerárquica coordinan determinada actividad; y de manera vertical, que se presenta en relaciones en las que unas personas se encuentran subordinadas a la autoridad de un funcionario de mayor jerarquía.

Esta realidad obliga a tener en cuenta el principio de confianza, que es uno de los criterios de la imputación objetiva especialmente aplicable a los trabajos en equipo. Este principio permite dinamizar el trabajo coordinado de varias personas, evitando el control sobre el control, porque se fundamenta en la confianza de que los demás participantes de una labor van a cumplir con la parte que le corresponde[151], o

---

[151] ROXIN, Claus. Derecho Penal. Ob. cit. Págs. 1004-1013; VELASQUEZ VELASQUEZ. Manual de Derecho Penal. Ob. Cit. Pág. 437; JAKOBS, Gunther. Derecho Penal Ob. cit. Págs.253-257 (en este sentido el autor citado, concibe el principio de confianza como un supuesto del riesgo permitido y de la prohibición de regreso); MIR PUIG. Derecho Penal. Ob. Cit. Pág.282; TERRAGNI, Marco Antonio. Ob. cit. Pág. 159-166; REYES ALVARADO, Yesid. Ob. Cit. Págs.148-164; CEREZO MIR. Ob. cit. Págs. 480-484; GOMEZ RIVERO. Ob. Cit. Págs.395-440; ABRALES, Sandro. Delito imprudente y principio de confianza. Colección autores de derecho penal. Rubinzal-culzoni editores.2010. Págs. 193-287; CORCOY BIDASOLO. Ob.

en palabras más técnicas, el principio de confianza predica que una persona puede confiar en que dentro del tráfico social y jurídico, las demás personas están cumpliendo con los deberes o funciones que le han sido asignadas[152]. De esta manera, se entiende que cada persona es responsable por la parte del trabajo que se le asignó, y si una yerra, esta se hace responsable, y no afecta a los demás participantes.

Sin embargo, principio de confianza no es absoluto, se aplica de una manera más amplia en las relaciones horizontales (que se dan entre coordinación entre personas de la misma posición laboral jerárquica), pero incluso en ellas, se limita en casos donde las personas en las que se tiene que confiar son inimputables, o personas cuya condición física o psíquica evidencian que no van a cumplir con la norma de conducta. También se limita la aplicación del principio de confianza en relaciones horizontales en aquellos casos en los que es evidente que la persona que va a ejecutar determinada labor no va respetar o no está respetando la norma de conducta[153].

Cit. Págs. 305-324; FIDALGO, Sonia. Ob. Cit. Págs. 149-158; GOMEZ RIVERO, María del Carmen. La responsabilidad penal del médico. tirant lo blanch 2003. Págs. 406-433.

[152] Ver al respecto REYES ALVARADO, Yesid. Ob. cit. Pág.157; LOPEZ DIAZ, Claudia. Introducción a la imputación objetiva. Universidad Externado de Colombia. Bogotá. 1996 Pág. 112; CORCOY BIDALOSO, Mirentxu. Ob. cit. Pág.316-323; JAKOBS, Gunther. Ob. Cit. pág. 253; CESANO, José Daniel. Ob. cit. Págs.763-768; ROXIN, Derecho Penal parte General, ob. Cit. Págs. 1004-1006.

[153] CESANO, José Daniel. Ob. cit. Pág. 766.

En las relaciones verticales (que se dan en aquellas labores en las que varias personas se encuentran subordinadas a un superior jerárquico), el principio de confianza es aún más limitado, porque en estas, el superior conserva sobre el trabajo del subordinado deberes de control y vigilancia. En estos casos, estos deberes de control y vigilancia pueden aumentar o disminuir de acuerdo a la experiencia y conocimientos del subordinado, así por ejemplo, el grado de vigilancia y control sobre un aprendiz es mucho mayor al que se debe ejercer sobre un técnico de 10 años de experiencia.

Otra limitación a la aplicación del principio de confianza se presenta cuando existe una posición de garante[154] en una o en varias personas que participan en la actividad, como por ejemplo de determinado trabajo en una construcción participan obreros, ingenieros, directores y supervisores al tiempo, donde tanto los ingenieros, directores y supervisores tienen posición de garante, y por tanto, dentro de su ámbito

---

[154] Se pueden desde ya establecer tres grupos de casos en los cuales se limita la aplicación del principio de confianza: 1) Cuando se puede inferir concretamente que el otro participante en el trabajo en equipo no va a cumplir con sus deberes; 2) frente a determinadas personas como niños, ancianos, inimputables, un ebrio o estados similares de cuya condición no se pueda esperar una conducta ajustada a su deber; y 3) cuando el deber de cuidado de una persona consiste en la vigilancia y control de otras personas que se encuentra bajo su mando. CESANO, José Daniel. Los delitos de homicidio y lesiones imprudentes por mala praxis médica. Tratado de responsabilidad médica. Legis argentina. 2007. Pág. 766; también sobre el tema CORCOY, Ob. Cit. Pág. 316

de dominio deben realizar todas las acciones pertinentes para evitar los daños previsibles que se puedan presentar.

Volviendo al tema empresarial, autores como Meini, Cervini y Adriasola, consideran que el funcionamiento de una empresa o de una actividad comercial tiene ciertos riesgos inherentes a su normal desarrollo, los cuales deben ser mantenidos por toda la estructura empresarial encabezada por los dueños dentro del riesgo permitido, para que en el desarrollo de la actividad no causen daños a los bienes jurídicos del resto de la sociedad[155]. Este planteamiento, permite configurar una posición de garante por el dominio sobre una fuente de riesgo, que es inherente al funcionamiento de la empresa o al desarrollo de una actividad comercial, y por esta razón, se entiende limitada la aplicación del principio de confianza por la posición de garantía que pesa sobre los empresarios.

Sin embargo, la posición de garante que tienen los empresarios se puede transmitir y redistribuir en toda la estructura empresarial. En la actualidad existe una distinción entre quienes detentan la propiedad de la empresa (socios) y quienes la administran (administradores o juntas directivas),

---

[155] MEINI, Iván. Responsabilidad penal del empresario por los hechos cometidos por sus subordinados. Tirant lo Blanch, Tirant monografías No. 298. 2003. Pág. 193; también en CERVINI, Raúl; ADRIASOLA, Gabriel. Derecho penal de la empresa desde una visión garantista. B d F. 2005, pág. 255.

por tanto, no siempre el que ostenta la calidad de propietario es quién toma las decisiones más importantes de la empresa, precisamente porque los propietarios delegan la función de administrar en los órganos de administración, que pueden ser gerentes, administradores o juntas directivas[156].

Así entonces, los dueños pueden delegar su posición de garante a los administradores o juntas directivas, y éstos a su vez, pueden delegan en supervisores, jefes de personal, jefes de departamentos y otros empleados, y con ello, la posición de garantía sobre la evitabilidad de ciertos resultados típicos que se pueden producir en desarrollo de la actividad empresarial, queda repartido entre los diferentes miembros de la estructura de la organización, permitiendo volver a los efectos prácticos del principio de confianza, en relación con las actividades delegadas[157].

Precisamente, el acto de delegación se concreta y transmite la posición de garantía del delegante al delegatario cuando el primero suministra al segundo la información y los medios necesarios para cumplir eficientemente la función delegada. Sin embargo, en todo caso, el delegante seguirá siendo responsable por dos eventos, el primero es que mantiene su

---

[156] CESANO, José Daniel. La imputación penal en el ámbito de la empresa. En derecho Penal Económico. B d F. 2010. Pág. 187.
[157] CERVINI, Raúl; ADRIASOLA, Gabriel. Op. Cit. págs..247-255.

responsabilidad sobre el nombramiento, es decir si la persona que nombró es idoneidad para cumplir la función asignada, y el segundo es que mantiene bajo su responsabilidad la obligación de controlar y vigilar el trabajo delegado de manera eficiente y periódica[158].

Hechas las anteriores aclaraciones, Silva Sánchez considera que el delegante no puede responder como autor de un delito cometido por acción o por omisión del delegado, porque a pesar de que tiene las obligaciones de control y vigilancia sobre el trabajo del delegado, no tiene la posibilidad efectiva de evitar el resultado, en virtud de ello, debe responder como cómplice[159].

En el caso de Lederspray, podría plantearse un problema sobre el tema de la delegación de las posiciones de garante. En primer término se aclara que quienes fueron sancionados fueron los directivos y no los socios, ello se debe al acto de delegación que ellos hicieron conforme al cual, las decisiones sobre la producción, comercialización y venta del producto las tomaban los miembros de la junta directiva, sin embargo, debido a la magnitud e importancia de los hechos, los socios

---

[158] Op. Cit. págs. 255-259.
[159] SILVA SANCHEZ, Jesús María; autoría delictiva en las estructuras organizadas. En SILVA SANCHEZ, Jesús María; SUAREZ GONZALEZ, Carlos. La dogmática Penal Frente a la criminalidad en la administración pública. Biblioteca de autores extranjero 7. Grijley. Instituto peruano de ciencias sociales. 2001. Pág.19.

debieron ejercer sus funciones de control y vigilancia que debieron ejercer en ese caso, por tanto, pudieron haber sido imputados por lo menos a título de cómplices de los casos reportados luego de la reunión de la junta directiva.

En segundo término, parece discutible la responsabilidad de los miembros de la junta directiva por los hechos ocurridos entre los informes recibidos de casos de usuarios afectados, y la reunión de la misma donde se tomaron las decisiones, pues es posible plantear que la calidad y las condiciones del producto se encontraba en cabeza del departamento químico y de otros empleados de inferior jerarquía, por tanto, ellos no tenían el dominio directo sobre la fuente de riesgo. Además, los directivos ordenaron estudios tanto químicos, como médicos sin que con ello se encontrara la causa del problema. Igualmente suspendieron la producción y comercialización del producto por un tiempo. Con este conjunto de acciones preventivas, se puede afirmar que estaban ejerciendo su función de control y vigilancia sobre la fuente de riesgo.

Otro punto de controversia, es que la acusación se basa en que la decisión que ha debido adoptar la junta directiva, por ser la más prudente, era la de retirar el producto teniendo en cuenta los informes de casos reportados. Pero por la otra, se puede argüir que la junta directiva no permaneció inactiva durante los hechos, siempre ejerció funciones de control y vigilancia sobre la fuente de riesgo, y por ello iba adoptando paulatinamente decisiones de control, y cuando se verificaban que las anteriores no tenían efecto, se tomaban unas nuevas. Igualmente, se puede argumentar que la empresa realizó todo lo posible para detectar las causas de las molestias sufridas por los consumidores, pero ello no fue posible, causas que no se demostraron ni siquiera por los estudios científicos realizados durante el juicio.

Por ello cabría preguntarse si ¿Era el retiro del producto la decisión más prudente que debían adoptar los miembros de la junta directiva? Si la respuesta es sí, debido a la gravedad de los síntomas de los consumidores, entonces por lo menos se debió degradar la culpa de culpa grave a culpa leve en los sistemas que establecen la graduación de la culpa como el español, o en su defecto debió disminuirse la culpabilidad y con ello la pena en el sistema de cuartas punitivas como en el sistema colombiano (artículos 60 y 61 del Código Penal Colombiano), porque en el caso planteado si existe evidencia de que se estaba ejerciendo control y vigilancia sobre la fuente del riesgo, otra cosa es que se considere que debió ser otra la decisión más prudente.

En tercer término, se presenta un problema de error, los directivos no tienen la obligación de ser científicos para ejercer su cargo, por tanto, delegaron los estudios en el personal calificado de la empresa, y luego confiaron en los resultados arrojados por dichos estudios, pues de hecho, de acuerdo con los resultados de las pruebas químicas y médicas realizadas por la empresa, los miembros de la junta podrían haber actuado bajo un error vencible al convencerse, de acuerdo con los resultados de los estudios, que el producto no generaba ningún peligro para la salud humana (Artículo 32 numeral 10 del Código Penal). Y por otra parte, frente a un error de prohibición vencible sobre la elección de la mejor decisión a adoptar, como si se tratare de una colisión de deberes (artículo 32 numeral 11 del Código Penal)[160].

Por lo anterior, el error de tipo[161] pudo haber anulado la posibilidad de imputarles la omisión a título de dolo eventual por no haber suspendido la comercialización del producto, y el

---

[160] "Ahora bien, las anteriores manifestaciones del elemento cognoscitivo deben ser cuidadosamente distinguidas de la posibilidad de conocer el deber de cuidado que, como conocimiento potencial de la antijuridicidad, es un verdadero problema de culpabilidad, y el error que sobre ella recaiga es de prohibición." VELASQUEZ VELASQUEZ, FERNANDO. Manual de Derecho Penal parte General. Comlibros. 2007. Pág. 334; El profesor GOMEZ PAVAJEAU al trabajar las conductas de omisión considera que los errores sobre las posiciones de garante que impliquen una valoración son errores de prohibición. GOMEZ PAVAJEAU, Carlos Arturo. Estudios de dogmática en el nuevo código penal. Primera parte. Segunda edición. Ediciones jurídicas Gustavo Ibáñez.2003. pág.342

[161] Sobre el tema VELASQUEZ VELASQUEZ, Fernando. Manual de derecho penal. Ob. Cit. Pág. 299; TORRES VASQUEZ, Filemón El error en el derecho penal colombiano. Monografías módulo penal No.9. Editorial Ibáñez. Universidad Santo Tomás.2007. Pág. 127-128; FERNANDEZ CARRASQUILLA, Juan. Delito y error. Segunda edición. Leyer. 2007. Pág.166; GOMEZ PAVAJEAU, Carlos Arturo. Estudios de dogmática en el nuevo código penal. Op. Cit. pág. 342

dolo por acción por haber ordenado mayor producción, debido a que ambas decisiones se basaron en estudios científicos que los indujeron a error. Y el error de prohibición pudo haber disminuido la pena a la mitad tanto en las lesiones imprudentes, como en las lesiones dolosas debido a la toma de una decisión errada, luego de que en el debate se presente una colisión de deberes, teniendo siempre presente que se realizaron estudios científicos que no daban con las causas de los padecimiento de los usuarios. Ahora, en este caso, es posible proponer la aplicación de ambos errores, logrando a través del error de tipo eliminar el dolo dejando subsistente la conducta imprudente (artículo 32 numeral 10 del C.P.); y a través del error de prohibición disminuir la culpabilidad a la mitad (artículo 32 numeral 11 del C.P.)[162].

Ahora, es de aclarar que la aplicación absoluta del principio de confianza a los directivos respecto de los estudios científicos realizados por los químicos de la compañía, no era posible, porque los informes de los casos reportados de usuarios afectados evidenciaban, que a pesar de los resultados de los estudios realizados por la empresa, se podía preveer que algo extraño si estaba pasando con el producto, y ello no era explicable científicamente.

---

[162] ABELLO GUAL, Jorge Arturo. Estructura de la Responsabilidad Penal del Médico. Leyer. 2008. Págs. 100-109.

Autoría y participación en las conductas dolosas.

Como se planteó en el resumen del caso Lederspray, el Tribunal Supremo alemán condenó a los directivos en calidad de autores por lesiones personales culposas por omisión por los hechos ocurridos desde el inicio de los informes de casos hasta antes de la reunión de la junta directiva; por lesiones personales dolosas por omisión por no haber retirado el producto del mercado luego de la reunión de la junta directiva; y por lesiones personales dolosas por acción, por dar la orden de continuar con la producción.

De acuerdo con los hechos, tendríamos que analizar el tema de la autoría y la participación en las tres imputaciones realizadas por el alto Tribunal germano. Para comenzar, hay analizar la responsabilidad penal dentro de la estructura empresarial desde arriba hacia abajo, y desde abajo hacia arriba.

Iniciaremos con el análisis de las lesiones personales dolosas por omisión, según el Tribunal los directivos incurrieron en dolo eventual, al no tomar la decisión de retirar el producto del mercado, dejando que las lesiones personales se produjeran al azar. Para el alto Tribunal, a pesar de que la decisión de retirar el producto debía tomarse por parte de todos los miembros de la junta directiva, cada uno individualmente tenía una posición de garante como fabricante, y debía hacer todo lo posible y exigible para que se llevara adelante la decisión de retirar el producto del mercado, y a pesar de que su voto no fuera suficiente para que se tomara la decisión colectiva, su deber era decidir a favor del retiro del producto[163].

También fueron imputados como coautores, los miembros de las filiales que no asistieron a la reunión –pues la decisión se tomó en la junta directiva de la empresa matriz-, pero que igual recibieron suficiente información sobre la decisión tomada, la aprobaron y la asumieron en sus ámbitos de su responsabilidad que era la comercialización del producto. Para el Tribunal no era necesario un compromiso previo, sino que era suficiente un acuerdo producido durante el desarrollo del hecho[164].

Por su parte, el director del laboratorio de la empresa, quién fue el que presentó el informe el día de la reunión, y afirmó que de acuerdo con el estudio realizado el producto no

---

[163] SARRBAYROUSE, Eugenio C. op. Cit. págs. 62-63.
[164] Op. Cit. pág. 62.

contenía componente alguno con propiedades tóxicas, por lo carecía de peligrosidad, y propuso realizar un nuevo estudio e informar a los usuarios sobre ello, fue considerado por el Tribunal de primera instancia como cómplice, porque informó y aconsejó insuficientemente a los directivos para que tomaran la decisión que se tomó en la reunión del 12 de mayo de 1981[165].

Sobre las anteriores imputaciones hay que hacer un análisis más detallado. En primer término, la posición de garante de los miembros del directorio de la empresa en el caso Lederspray, y su dominio sobre la evitabilidad del resultado -en términos de Schunemann entendido este como el dominio sobre la vigilancia de una fuente de riesgo-, se concreta porque ellos podían tomar la decisión de retirar el producto del mercado, y con ello evitar las lesiones personales a los consumidores. En consecuencia, se puede aceptar la coautoría de todos los miembros de la junta que no tomaron la decisión de retirar el producto, teniendo presentes las consideraciones expresadas en el aparte anterior sobre el error de tipo y error de prohibición en que pudieron incurrir al tomar la decisión, tomando como base la legislación penal colombiana.

Sobre este tópico, el considerar como cómplice al jefe del laboratorio de la empresa podría considerarse como decisión

---

[165] Op. Cit. pág. 55.

muy discutible partiendo de la legislación penal colombiana, porque fue su informe la base de la decisión de la junta directiva. En tal sentido, que no podría afirmarse que sea un aporte al hecho de un tercero (artículo 30 inciso 3 del C.P.), sino prácticamente una instigación o determinación (artículo 30 inciso 2 del C.P.) a adoptar una decisión que configuró la responsabilidad penal dolosa por omisión y por acción de los directivos. Bien se podría haber argumentado que el informe fue un factor que influyó en un error de tipo y de prohibición vencibles de los directivos al tomar la decisión, máxime si se tiene en cuenta los resultados y las recomendaciones del informe.

Ahora, ello tiene unos efectos en la determinación de una posible autoría en el jefe del laboratorio, pues su responsabilidad como instigador de un delito doloso, podría variar a autor mediato al aprovecharse del error vencible de los miembros del cuerpo directivo (artículo 29 inciso 1 del C.P.). Sin embargo, no parece convincente que el jefe del laboratorio de acuerdo con los resultados arrojados por su propio estudio, actuara de manera dolosa para engañar a los directivos y convencerlos de realizar su propio delito. Además el caso tiene una complejidad porque ni con los estudios realizados dentro de los laboratorios de la empresa, ni con los otros realizados durante el transcurso del proceso, se pudo explicar las causas que vinculaban al producto con las enfermedades que padecían los consumidores. Sin embargo, es posible imputarle cargos como autor culposo, en tanto que su conducta de recomendar la comercialización del producto podía constituirse como una conducta culposa, por omisión al deber objetivo de cuidado, y con ello permitir la ocurrencia de un resultado previsible que confió en poder evitar (artículo 23 del C.P.).

Estos hechos no pueden configurar un dolo directo, pero quedan en la frágil frontera entre el dolo eventual y la culpa con representación. El Tribunal alemán se decidió por el dolo eventual en el caso de la omisión dolosa porque a pesar de los informes que relacionaban el producto con las patologías sufridas por los consumidores, la empresa decidió continuar con la comercialización del mismo, esto se adapta más a la definición del dolo eventual pues es como si los miembros directivos de la empresa previeran la producción de un resultado típico y su realización la hubiesen dejado librada al azar. A pesar de que la empresa ordenó nuevos estudios e informó a los consumidores sobre la situación así como del posible retiro del producto, dichas acciones no se podrían interpretar como conductas evasivas que evitaran o disminuyeran la posibilidad de ocurrencia del el resultado, por lo que no permitiría la configuración de la culpa con representación.

Sin embargo, la pregunta que surge es si los informes sobre la persistencia de patologías en los consumidores a pesar de haber cambiado proveedores y haber revisado la composición del producto un par de ocasiones, pudieron haberle restado tal credibilidad al informe del laboratorio, lo que pudiera transformar una culpa con representación (artículo 23 C.P.) en un dolo eventual (artículo 22 del C.P.), por la omisión de no sacar el producto del mercado. En el caso del aceite de Colza en España, el Tribunal español, también decidió condenar a los empresarios que distribuían el aceite de Colza a pesar de que científicamente no se comprobó la relación de causa y efecto entre los componentes del aceite y las lesiones sufridas por los usuarios[166]. En estos casos se aplica los principios de precaución y pro hombre, según el cual, el juez debe decidir siempre de la forma que más se proteja los derechos humanos, por tanto, ante la posibilidad de daño de la salud humana por un producto, la obligación es la prohibición.

En el caso de la imputación de lesiones personales a título de acción por haber ordenado mayor producción del producto que el Tribunal Supremo Alemán calificó como doloso, consideró como coautores a los directivos de la junta, por

---

[166] Tribunal Supremo de España, en su Sentencia de 23 de abril de 1992.

tomar la decisión y también como coautores a los directivos de las filiales por ejecutar la decisión, a pesar de haber tenido acceso a la información que motivó la junta.

Sobre el tema, el profesor Meini tiene una posición diferente, pues diferencia la imputación en dos supuestos. El primer supuesto se presenta cuando los encargados de tomar una decisión antijurídica son los mismos que la ejecutan, en estos casos se configura la coautoría[167]. El segundo supuesto se presenta cuando se aprueba un acuerdo antijurídico por un órgano directivo, pero la ejecución del mismo le compete a otras personas, en estos casos son autores quienes deben ejecutar el acuerdo porque son ellos los que tienen el dominio del hecho, y son cómplices necesarios (de acuerdo con la legislación española) los que aprueban el acuerdo antijurídico, pues sin éste no se puede ejecutar el acto antijurídico[168].

En la Legislación penal colombiana no existe la figura del cómplice necesario, por lo que la solución tendría que ser diferente, por tanto, solo quedarían las opciones de instigación o autoría mediata. En el primer caso si se concibe que al tomar la decisión de continuar la producción, los directivos solo estén realizando un acto ejecutivo pero no dominan el hecho, por tanto, las deliberaciones presentadas

---

[167] MEINI, Iván. Op. Cit. págs. 242-247.
[168] Op. Cit. págs. 247-251.

en el acuerdo se pueden tomar como una instigación a un delito (artículo 30 inciso 2 C.P.) frente a los que van a ejecutar el acuerdo, en este caso, sería discutible imputar complicidad (artículo 30 inciso 3 del C.P.) al considerar que la aprobación de un acuerdo sea un mero aporte a la realización del acto, pues en el acto pueden encontrarse consideraciones y sobre todo una decisión que se traduce en una orden, por la cual, los subalternos deberán ejecutar el acto. O en el segundo caso, es decir la autoría mediata (artículo 29 C.P.) se presenta cuando utilizan a los ejecutores como medios o instrumentos para realizar su delito, en estos casos, el instrumento de acuerdo con la teoría tradicional de la autoría mediata debe actuar guiado por un error, o ser coaccionado con perder su empleo[169].

Existe una tercera posibilidad que viene debatiéndose en la doctrina en el campo de la delincuencia empresarial, y es si es posible aplicar la autoría mediata por dominio de la organización creada por Roxin[170]. Por una parte, autores como Faraldo Cavana[171] consideran que no se cumplen los requisitos

---

[169] "... en diversas ocasiones podrá valorarse como circunstancia que exonere o atenúe la responsabilidad penal del ejecutor, el que frente a la posibilidad de verse privado de su puesto de trabajo en tanto la directiva proviene de un estamento jerárquicamente superior al que éste ocupa en la empresa." MEINI, Iván. Op. Cit. pág. 250.
[170] ROXIN CLAUS. Autoría y dominio del hecho en el derecho penal. Op.cit. págs. 269-287
[171] FARALDO CABANA, Patricia. Delitos Societarios. Tiran lo blanch. No 55. 1996.

de la autoría mediata por dominio de la organización (organización jerarquizada, intercambiabilidad del ejecutante, y operar al margen de la Ley) porque las empresas no pueden entenderse como organizaciones al margen de la Ley, que es donde se desprende la predisposición de los ejecutantes a realizar delitos, supuesto que no se presenta en las empresas legales, donde los ejecutantes pueden negarse a la ejecución de la orden y denunciarla. Pero otros como Aramburo[172] consideran que si es posible, pues en una empresa se puede encontrar una organización jerarquizada, donde el ejecutor puede ser intercambiable, y que el elemento de la predisposición a realizar los delitos se puede suplir con la subordinación de los ejecutantes en una empresa.

De aceptarse esta última posición que no deja de causar fuertes resistencias en la doctrina, responderían como autores mediatos por dominio de la organización los directivos de la empresa por tener dominio sobre la organización empresarial, y responderán los ejecutores como coautores por tener dominio sobre el hecho típico.

A esta última postura tendría que criticarse para el caso colombiano, que concebir como autores o coautores a quienes

---

[172] ARAMBURO CALLE, Máximiliano Alberto. La delincuencia de empresa: problemas de autoría y participación en delitos comunes. Nuevo Foro penal No 68. Universidad Eafit. Págs. 93-144

no tienen dominio del hecho, vulnera el principio del acto que por una parte establece la necesidad de tener como más graves los actos de quién ejecuta la conducta punible, de quién instiga o contribuye a la realización de la misma[173]. Por otro lado, el principio de culpabilidad también establece mayor culpabilidad en aquellos que ejecutan el acto, que quienes contribuyen o instigan[174]. Desde el punto de vista punitivo, el Código Penal Colombiano estipula que el instigador y el autor tienen la misma pena (artículo 30 del C.P.), por tanto, no se justifica realizar una excepción al criterio del dominio del hecho –que es el criterio más aceptado para diferenciar a un autor de un partícipe- cuando no tiene ninguna diferencia de origen práctico en la punibilidad.

---

[173] VELASQUEZ VELASQUEZ, Fernado. Manual de Derecho Penal parte General. Ediciones Jurídicas Andrés Morales. 2010. Pág. 62.
[174] Ver Op. Cit. pág. 74-75, en relación con la proporcionalidad y la prohibición de exceso.

LA AUTORIA Y PARTICIPACIÓN EN EL DELITO DE PECULADO.

INTRODUCCIÓN.

En este trabajo se realiza un breve análisis sobre el problema de la autoría y la participación en el delito de peculado, a la luz de la legislación penal colombiana. Sobre el tema propuesto, cabe mencionar que a la dificultad que genera de por sí, la discusión en la jurisprudencia y en la doctrina sobre los criterios que se deben tener en cuenta para diferenciar entre autores y participes; deben agregarse también, las particularidades del delito de peculado que hacen más compleja esta labor, como son la calidad de servidor público, y la relación funcional entre el bien y el autor.

Para abordar el problema propuesto, vamos a iniciar con una breve explicación sobre las formas de autoría y participación en el Código Penal colombiano, para luego pasar a determinar los criterios que según la jurisprudencia y la doctrina colombiana, permiten a la luz del Derecho Penal colombiano, diferenciar entre autores y partícipes.

Una vez determinadas las bases para diferenciar entre autores y partícipes, pasaremos a explicar las particularidades que tiene el delito de peculado, y los efectos que ellas tienen en las figuras de la autoría y participación, en el delito de peculado, como lo son la calidad de servidor público y el deber funcional que debe existir ente el autor y el bien objeto de la apropiación.

AUTORES Y PARTICIPES EN LA LEY PENAL COLOMBIANA.

De acuerdo con el estatuto penal colombiano (art. 29), son autores los que realizan la conducta punible por sí mismo o utilizando a otro como instrumento. También se menciona en el texto citado, que son coautores los que, mediando acuerdo común, actúan con división del trabajo criminal, y que el aporte que realiza al hecho, sea de importancia significativa para la comisión de la conducta punible[175]. Por último, en la

---

[175] Ver sobre el tema VELÁSQUEZ VELÁSQUEZ, Fernando. Manual de Derecho Penal parte General. Quinta edición. Ediciones jurídicas Andrés

norma citada se establece, que también será autor, "quien actúa como miembro u órgano de representación autorizado o de hecho de una persona jurídica, de un ente colectivo sin tal atributo, o de una persona natural cuya representación voluntaria se detente, y realiza la conducta punible, aunque los elementos especiales que fundamentan la penalidad de la figura punible respectiva, no concurran en él, pero sí en la persona o ente colectivo representado".

Por otra parte, el artículo 30 del estatuto penal define como partícipes al determinador y al cómplice. Definiendo al primero como "aquel que determine a otro a realizar la conducta antijurídica"; y al cómplice como aquel "que contribuye a la realización de la conducta antijurídica o preste una ayuda posterior, por concierto previo o concomitante a la misma".

Por último, el mismo artículo trae una figura adicional que es el interviniente, que lo define como aquel "que no teniendo las calidades especiales exigidas en el tipo penal concurra en su realización".

DIFERENCIAS ENTRE AUTORES Y PARTÍCIPES EN LA DOCTRINA Y EN LA JURISPRUDENCIA.

De acuerdo con la doctrina, para que exista autor, se requiere que la persona a la cual se le esté imputando bajo ese título, debe tener el dominio del hecho[176], lo que significa, que un

---

Morales. Bogotá. 2013. Págs. 583-585.
[176] La teoría del dominio del hecho, de gran aceptación por parte de la doctrina alemana, española y colombiana, pero a su vez con cierta

sujeto debe tener el poder para adelantar, suspender o aplazar, la conducta punible que ha iniciado; en otros términos, es autor el que domina el sí y el cómo del acontecer delictivo. El dominio del hecho, es el criterio que permite diferenciar a un autor de un partícipe, en los casos difíciles en los que concurren varias personas en la realización de la conducta punible.

A pesar de lo anterior, es posible encontrar diferentes posiciones en la doctrina y en la jurisprudencia sobre el tema, porque cuando se busca diferenciar los cómplices de los coautores en determinado caso, la teoría del dominio del hecho, sigue siendo una fórmula abierta, que permite abrir en cada caso, una discusión dogmática, conceptual y probatoria. Esto se debe, no solo a que la teoría del demonio del hecho es como un elemento normativo del tipo, que adquiere sentido con la decisión judicial, sino que también, en la dogmática se plantean diferentes corrientes que hacen variar su contenido y sus efectos[177].

---

resistencia de varios sectores, que plantean algunas variaciones a la teoría, consiste en la combinación de las teorías objetivas y subjetivas de la autoría, definiendo al autor, como aquél que dirige a través de su voluntad final el hecho, pero que también realiza un aporte importante, que de no darse no se produciría el resultado típico. JESCHECK, Hans-Heinrich. Tratado de Derecho Penal parte general. Quinta edición. Comares. Granada. 2002. Págs. 701-702; VELÁSQUEZ VELÁSQUEZ. Ob. Cit. Pág. 586; ROXIN, Claus. Autoría y dominio del hecho en el derecho penal. Séptima edición. Marcial Pons. Barcelona 2007. Págs. 350-354; MIR PUIG. Santiago. Derecho penal parte general. Octava edición. Editorial Reppertor. Barcelona. 2010. Pág. 395-400; FERRE OLIVE, Juan Carlos; NUÑEZ PAZ, Miguel Angel; RAMIREZ BARBOSA, Paula Andrea. Derecho Penal colombiano parte general. Editorial Ibáñez. Bogotá. 2010. Págs. 504-511 y 503-505.
[177] Al respecto, refiere la Sala Penal de la Corte Suprema de Justicia en la Sentencia del 2 de Septiembre de 2009 (M.P. Yesid Ramírez Bastidas): "En la doctrina penal en el objetivo de dar explicaciones acerca de las

Por lo pronto, y ateniéndonos a la Ley penal, para que varias personas sean consideradas como coautores de un hecho delictivo, se requiere de la existencia de un acuerdo común, de una división de trabajo entre los participantes, y que la entidad del aporte que haga el participante en el hecho, sea de tal trascendencia que sin ella, no se hubiese podido cometer la conducta punible. En este punto, cabe aclarar que para los casos de autoría individual, en la que participan cómplices e instigadores, la teoría que se utiliza para diferenciar entre unos y otros, es la teoría del dominio del hecho, pero cuando se trata de casos de coautoría, es decir, cuando varios sujetos fungen en el hecho como coautores, la teoría que permite diferenciar un coautor, de un cómplice o de un determinador, es la teoría del dominio funcional del hecho.

Volviendo a los preceptos del Código Penal colombiano, de la entidad del aporte que haga el participante en la conducta punible, depende que pueda afirmarse, que tenga el dominio funcional del hecho, y por lo tanto, sea catalogado como coautor. El dominio funcional del hecho implica, que el autor no tiene que tener a su cargo la realización directa del verbo rector, como ocurre cuando se actúa con dominio del hecho, sino que, de acuerdo con una división de trabajo antecedida por un acuerdo común, a cada participante se le asigna una

---

manifestaciones de la autoría y la participación se han elaborado las teorías: formal objetiva, material objetiva, subjetiva, del dominio del hecho y en forma más reciente la del dominio del injusto.
A la jurisprudencia no le corresponde tomar partido por ninguno de esos postulados doctrinarios, lo cual no impide que pueda tener acercamientos o distancias, las que deberán darse pero con fundamento en el principio de estricta legalidad consagrado en los artículos 29 y 30 de la ley 599 de 2000".

labor dirigida a la consumación del hecho delictivo, que puede ser o no, la realización del verbo rector. Por lo anterior, y siguiendo lo establecido en el artículo 29 del estatuto penal colombiano, de la importancia del aporte que haga el sujeto al hecho delictivo, depende entonces, que se establezca por parte de la autoridad judicial, que una persona realizó, en calidad de coautor con otros, un hecho delictivo mediando una división de trabajo; o en su defecto, que simplemente contribuyó en calidad de cómplice, a la realización de la conducta de otro.

Aunque parece claro, a través de estos criterios, diferenciar un coautor de un cómplice, en la práctica no deja de presentarse ciertos inconvenientes, porque el dominio funcional del hecho también es un criterio abierto, y ello, debido a que la alusión a "la importancia del aporte", que no deja de ser abstracta, requiere siempre, de la definición judicial en cada caso en concreto. Por esta razón, son los jueces y los Tribunales, los que a través de la argumentación y de su poder decisiorio, los que terminan definiendo, si el aporte de uno de los participantes es importante o no, para la realización de la conducta punible, definiendo de esta forma, quiénes son coautores o cómplices en cada caso estudiado.

No sobra decir, que la Sala Penal de la Corte Suprema de Justicia, ha realizado esfuerzos por sentar una definición de coautor, pero aún se encuentran decisiones un poco contradictorias como por ejemplo, la contenida en la decisión del 24 de Abril de 2003, donde la Sala Penal de la Corte Suprema de Justicia definió el concepto de coautor de la siguiente manera:

> "..., son aquellos autores materiales o intelectuales que conjuntamente realizan un mismo hecho punible, ya sea porque cada uno de ellos ejecuta simultáneamente con los otros o con inmediata sucesividad idéntica conducta típica, ora porque realizan una misma y compleja operación delictiva con división de trabajo, de tal manera que cada uno de ellos ejecuta una parte diversa de la empresa común."[178]

En esta decisión por ejemplo, nada se dice de la importancia del aporte, pero sí en cambio, se crea un "mega-concepto" como el de "la compleja operación delictiva con división de trabajo", que termina por incluir en la figura de la coautoría a todos los participantes de la conducta, omitiendo el contenido del artículo 28 del Código Penal que claramente establece que "Concurren en la realización de la conducta punible los autores y los partícipes." En consecuencia, por mandato legal, el juez deberá diferenciar entre autores y partícipes muy a pesar de existir una "compleja operación delictiva con división de trabajo".

En otra decisión, la Sala Penal de la Corte Suprema explicó el concepto de la coautoría impropia:

> "..., cuando una conducta punible es realizada en forma comunitaria y con división de trabajo por varias personas que la asumen como propia, aunque la intervención de cada una de ellas, tomada en forma separada, no ejecute en forma total el supuesto de hecho contenido en el respectivo tipo penal"[179].

---

[178] COLOMBIA. CORTE SUPREMA DE JUSTICIA, Sala Penal. Sentencia del 24 de Abril de 2003.

Obsérvese que en ambas decisiones la Sala Penal de la Corte Suprema de Justicia, usa como elemento integrador el concepto de división de trabajo, para incluir dentro de la coautoría todas las conductas que se lleven a cabo con esa característica. En las decisiones antes transcritas, tampoco se hace referencia a la necesidad de valorar la importancia del aporte, y por ello, no queda clara la diferencia entre una conducta realizada por varias personas en división de trabajo, y el aporte que haga una persona a la conducta punible de otra, u otras en calidad de cómplice. En definitiva, en ambas decisiones la Sala Penal de la Corte Suprema de Justicia, prácticamente suprime la posible existencia de la figura del cómplice. Además, la referencia al concepto de coautoría impropia, no es el más afortunado, pues como se puede evidenciar, ese concepto, se basa en la ejecución conjunta de una conducta preacordada; en la asunción voluntaria del hecho como propio (teoría subjetiva de la autoría); y de una ampliación de la figura de la coautoría, a hechos que no ejecutan de forma total el precepto penal, y donde no se tiene en cuenta la importancia del aporte[180].

A pesar de los pronunciamientos anteriores, la Sala Penal de la Corte Suprema de Justicia en Sentencia del 2 de Septiembre de 2009, ha incluido dentro del concepto de coautoría, de conformidad con lo establecido en el artículo 29 del C.P., la importancia del aporte, como uno de los elementos esenciales de la coautoría:

---

[179] COLOMBIA. CORTE SUPREMA DE JUSTICIA, Sala Penal. Sentencia del 6 de Agosto de 2003.
[180] Al respecto, VELÁSQUEZ VELÁSQUEZ, Fernando. Derecho Penal. Parte General. Cuarta Edición. Comlibros. Medellín. 2009. Pág. 909.

"Lo característico de ésta forma plural está dado en que los intervinientes despliegan su comportamiento unidos por una comunidad de ánimo, esto es, por un plan común, además, se dividen las tareas y su contribución debe ser relevante durante la fase ejecutiva pues no cabe la posibilidad de ser coautor después de la consumación de la conducta punible."

Desde esta definición, ya no basta el acuerdo común y la ejecución mancomunada del hecho, sino que se explica, que el aporte esencial es uno de los elementos que se deben analizar en la figura de la coautoría:

"Los coautores por virtud del acuerdo ejercen control en parte y en todo, y lo hacen de manera funcional, es decir, instrumental y el aporte de ellos deberá ser una contribución importante, pues si la ayuda resulta secundaria o accesoria, no podrá hablarse de aquélla forma de intervención sino de complicidad."

Incluso en la citada decisión, se plantea un método lógico para diferenciar entre coautores y cómplices:

"En dicha perspectiva, y a fines de que la valoración y atribución de una u otra de las modalidades vistas no dependan del juicio arbitrario o subjetivista de los jueces, se requiere para el instituto visto que la aportación sea esencial, valga decir, deberá entenderse aquella sin la cual el plan acordado no tiene culminación porque al retirarla éste se frustra o al compartirlo se lleva a cabo.

(...)

En esa perspectiva teórica y práctica, si al excluirlo del escenario funcional del evento objeto de juzgamiento, éste no se produce, la conclusión a la que se puede llegar sin dificultad es la de la existencia de la coautoría, y si al apartarlo aquél de todas formas se consumaría, la valoración a la que se puede arribar es a la presencia de la conducta de complicidad."

Esta decisión de la Sala Penal de la Corte, al contrario de las otras sentencias antes citadas, se encuentra acorde con algunas posiciones doctrinales como por ejemplo la de los profesores Fernando Velásquez[181], Salazar Marín[182] y Fernández Carrasquilla[183], donde dichos autores, exponen

---

[181] "..., debe mediar contribución, un aporte objetivo y esencial al hecho, de tal manera que éste sea producto de la división del trabajo entre todos los intervinientes; por ello, se requiere un dominio funcional del hecho, pues cada uno debe ser una pieza fundamental para llevar a cabo el plan general." VELÁSQUEZ VELÁSQUEZ, Fernando. Manual de Derecho Penal. Ob. Cit. Pág. 584.

[182] "No son suficientes, pues, en la coautoría, el común propósito y el reparto de trabajo, pues si la ayuda objetiva no constituye un apreciable grado de importancia material y funcional, en la medida en que suprimiéndola mentalmente haría desaparecer el funcionamiento del hecho en el mundo social, sin fórmulas sustantivas, dadas las circunstancias, no habrá entonces coautoría en la conducta del interviniente." SALAZAR MARÍN, Mario. Autor y partícipe en el injusto penal. Segunda edición. Editorial Ibáñez. Bogotá. 2011. Pág. 171.

[183] "Una contribución personal al hecho es esencial o imprescindible cuando sin ella el hecho se desvanece o desarticula y por tanto no hubiera podido llevarse a cabo en su configuración correcta. Si cada coautor asume una parte esencial de la ejecución –que por sí misma habría de valer al menos como tentativa punible-, entonces el rol de cada uno es equivalente al de los otros." FERNANDEZ CARRASQUILLA. Juan. Derecho Penal Parte General. Teoría del Delito y de la Penal. Vol 2. Bogotá. 2012.

claramente, que además del acuerdo común y la co-ejecución de la conducta, se requiere que el aporte sea esencial al hecho, de tal manera, que sin la concurrencia de dicho aporte, el plan delictual no se hubiese llevado acabo. Incluso, a estas posturas se puede sumar algunas posiciones jurisprudenciales del comparado sobre la coautoría, como por ejemplo, el Tribunal Superior de España define que en los casos de coautoría, el dominio sobre el hecho se convierte en un codominio o dominio funcional, cuando todas las personas que intervienen en el delito, controlan el resultado, pues su ocurrencia depende de los aportes que haga cada persona de acuerdo con la división de trabajo[184]. Con todo lo anterior, podemos ver, que la importancia del aporte termina siendo un factor determinante en la figura de la coautoría, pues permite diferenciar entre coautores y cómplices de una conducta punible.

Por último, y para cerrar el tema de la coautoría, se adiciona como un elemento más por parte de la doctrina, y es que los aportes al hecho punible además de ser esenciales, deben realizarse en la etapa ejecutiva. Este criterio plantea un límite temporal y material, con el cual se expone, que no se puede imputar como coautor a una persona que solo haya participado en los actos preparatorios del hecho delictivo, esto es un hecho previo a la ejecución y a la consumación del resultado típico, y que por ser preparatorio, además debe ser inidóneo y equívoco. Esta postura es apoyada por Roxin[185], Díaz y García Conlledo[186], Velásquez[187], y Salazar Marín[188].

Pág. 853.
[184] ESPAÑA. TRIBUNAL SUPERIOR DE ESPAÑA, Sentencia Agosto 11 de 2000.
[185] "..., la figura central del suceso de la acción, en el sentido antes explicado, no puede serlo alguien que no haya tomado parte en la

Este tema es relevante en los delitos realizados en ejercicio de la función pública de administrar recursos públicos, toda vez, que en estos casos, la participación plural de varias personas es prácticamente necesaria, partiendo de la base, que estamos hablando de una agrupación de personas que actúan conjuntamente para cumplir con los fines del Estado, y por ello, se requiere tener claros elementos esenciales de la figura de coautoría, para poder diferenciar entre coautores y partícipes, los cuales son de acuerdo con la Ley, y con todo lo analizado anteriormente los siguientes:

---

realización de este hecho, sino que sólo haya ayudado a crear las condiciones previas del delito. (...)
"Tampoco cabe decir que alguien que sólo ha cooperado preparando pueda reamente dominar el curso del suceso. Si el otro obra libre y autónomamente, en la ejecución él queda dependiendo de la iniciativa, las decisiones y la configuración del hecho del ejecutor directo. En la cooperación conforme a la división del trabajo en la fase ejecutiva ello es completamente distinto: aquí las aportaciones parciales se imbrican de manera que cada uno depende de su compañero y el abandono de uno hace fracasar el plan". ROXIN, Claus. Ob cit. Págs. 325-326.
[186] "..., es evidente que la realización personal de todos los hechos ejecutivos (cumpliendo el resto de los requisitos típicos, de la naturaleza que sean), de todo el proceso que conduce al delito, es autoría." DIAZ Y GARCÍA CONLLEDO, Miguel. La autoría en el derecho penal. Leyer. Bogotá. 2009. Pág. 440.
[187] "pero sí es necesario a no dudarlo, que el aporte esencial se realice en la fase ejecutiva de la misma, pues de lo contrario se estarían penando aportaciones en las fases previas en contravía de un Derecho penal de acto y dándole cabida a indeseables concepciones subjetivas en esa materia" VELÁSQUEZ VELASQUEZ, Fernando. Manual de derecho penal. Ob. Cit. Pág. 584.
[188] "De todos modos la intervención en la fase preparatorio no basta para deducir coautoría, puesto que a ella debe ir unidad la tarea de la ejecución mediante la división del traba y su naturaleza objetiva, pues quien realiza actos preparatorios debe también desempeñar un papel activo en la ejecución para que se le considere coautor." SALAZAR MARÍN, Mario. Ob. Cit. Pág.181.

e) Acuerdo común, que determina la intención de las partes, los aportes de cada uno, y por tanto, el límite de la responsabilidad por excesos en el plan.

f) División de trabajo, que establece una asignación de tareas a cada uno de los participantes en el hecho delictivo, que permita evidenciar la co-ejecución –coordinada- de un acto conjunto desde el punto de vista objetivo, permitiendo con esto, que no exista la necesidad de que todos realicen el verbo rector para que sean catalogados como coautores del hecho punible. Igualmente, que exista una relación funcional desde el punto de vista social y normativo que permita relacionar la labor encomendada a cada participante, con la comisión de un hecho delictivo.

g) Que el aporte sea esencial, es decir que el participante realice una tarea de tal importancia, que se pueda concluir, que sin ese aporte, la conducta punible no se hubiese podido realizar.

h) Y que el aporte sea realizado en la etapa de ejecución del acto delictivo.

Para la aplicación de esta teoría del dominio funcional del hecho, en la práctica se requiere tener en cuenta ciertos elementos especiales que tiene el delito de peculado, en el momento de establecer quiénes son autores y quienes son partícipes en este delito. Dichas particularidades son: el carácter de servidor público que debe tener el autor, y la relación funcional que debe existir entre el bien y el autor de la conducta. Por esta razón, para que una persona pueda ser coautor del delito de peculado, se requiere:

a) Ser servidor público.

b) Tener a su cargo la administración, tenencia o custodia del bien, en razón o con ocasión de sus funciones.
c) Que exista acuerdo común.
d) División del trabajo.
e) Que el aporte sea esencial.
f) Y que el aporte sea realizado en la etapa de ejecución del acto delictivo.

EL RECHAZO DE LA TEORÍA DE LOS DELITOS DE INFRACCIÓN AL DEBER DE ROXIN.

Así como en el capítulo anterior se rechazó la teoría de la autoría impropia, por considerarla inapropiada dentro de los cánones legales establecidos en el Código penal, cuando se adopta la aplicación de la teoría del dominio funcional en el delito de peculado, necesariamente habrá que enfrentarse al objetivo de rechazar la aplicación de la teoría de los delitos de infracción al deber diseñada por Roxin, y utilizada precisamente para delitos como el peculado.

Para comenzar con la discusión, citaré una sentencia de la Corte Suprema de Justicia, en la que la Sala Penal, aplica la teoría de los delitos de infracción al deber, la primera es la Sentencia del 25 de Abril de 2002, en donde se dijo lo siguiente:

> "Basta con que alguno de los concurrentes que toman parte en su realización ostente la calidad especial y, por supuesto, infrinja el deber jurídico especial alrededor del cual gira o se fundamenta la protección del bien

jurídico, sea cual fuere la posición desde donde se ubique.

(...)

El servidor público o el sujeto calificado en cuya condición y deber jurídico especial se fundamenta la realización objetivo del tipo, no puede actuar como determinador o cómplice, por definición. Su participación se concibe sino a título de autoría en cualquiera de sus modalidades o, en último extremo y residualmente, por comisión por omisión (al tener el deber jurídico de evitar el resultado, lo cual no hace porque concurre a la realización del hecho en connivencia con los demás)."[189]

De acuerdo con la postura planteada por la Sentencia antes transcrita, parece evidente la aplicación de la teoría de los delitos de infracción al deber en el caso concreto. Esta teoría, se fundamenta en la asignación de una posición de garante al funcionario público, y la imputación de responsabilidad penal por la infracción de deberes especiales de protección al bien jurídico tutelados, no solo por las acciones sino por las omisiones, convirtiendo de esta forma al funcionario público siempre en un autor, y negándole toda posibilidad de actuar como partícipe, posición que parece retornarnos a los tiempos de la autoría unitaria, hoy prohibida por el mandato legal del artículo 28 del C.P., que ordena que en cada caso se haga la diferencia entre autores y partícipes.

---

[189] COLOMBIA CORTE SUPREMA DE JUSTICIA. Sala penal. Sentencia del 25 de Abril de 2002. Rad. 12191, M.P.: Carlos Eduardo Mejía Escobar.

Precisamente uno de los problemas que genera esta posición, es que en un delito de peculado que se configura con la acción de apropiación, el aporte que haga un funcionario público a través de un acto omisivo, que normalmente se puede catalogar como un acto de un cómplice, siempre y cuando no tenga la entidad de dominar funcionalmente el hecho, se convertiría en una autoría por comisión por omisión de un hecho punible, debido a la posición de garante que ostenta el funcionario público, y que se podría configurar con la aplicación del artículo 25 del C.P. colombiano, como también lo ha establecido la Sala Penal de la Corte en la sentencia del 27 de Julio de 2006, radicación 25536:

> "(...) en principio las posiciones de garante se refieren a los bienes jurídicos consignados en el parágrafo del artículo 25 del Código Penal, empero, por la fórmula utilizada respecto de posiciones de garante fundadas en la protección en concreto de un bien jurídico o de la vigilancia de una fuente de riesgo de conformidad con la Carta Política o la Ley, puede extenderse a otros, incluido el de la administración pública."[190]

Antes de seguir avanzando en el tema, me debo detener un poco en el contenido de la teoría de los delitos de infracción al deber y sus efectos en el delito de peculado. De acuerdo con la teoría de los delitos de infracción al deber, un funcionario público, sólo puede ser considerado como autor del delito de peculado, ya sea porque realizó una acción que infringe el deber de administración, tenencia o custodia, o en su defecto, no realizó los actos tendientes a que no se produjera un resultado, que tenía el deber de evitar, que en este caso es la

---

[190] COLOMBIA. CORTE SUPREMA DE JUSTICIA, Sala Penal. Sentencia del 27 de Julio de 2006. Rad. 25536. M. P. Alvaro Orlando Pérez Pinzón.

apropiación de ciertos bienes[191]. Según la teoría de la autoría en los delitos de infracción al deber, toda persona que tenga un deber especial derivado de normas extrapenales, sobre el bien jurídico tutelado, y lo infrinja, responderá como autor. También es necesario anotar que para la configuración de una coautoría en esta teoría, no basta el acuerdo común, división de trabajo y la entidad del aporte, sino que además, es necesario que todos los participantes tengan un deber especial respecto del bien jurídico tutelado, que hayan infringido. Igualmente, como lo sostiene Roxin[192], en los delitos de infracción al deber, es indiferente que el autor realice la conducta a través de una acción o a través de una omisión, pues como se dijo anteriormente, "la relación entre el menoscabo del bien jurídico y sujeto del delito sólo queda instituida por el quebrantamiento del deber."[193]

Ahora partiendo de estos planteamientos, proponemos una primera oposición a la aplicación de los efectos de esta teoría, pues favorece la aplicación de la teoría de la autoría unitaria que establece que todo aquel que realice un aporte a un hecho delictivo debe ser considerado como autor, teoría que se encuentra proscrita en la legislación colombiana, pues el artículo 28 del C.P. claramente establece que "Concurren en la realización de la conducta punible los autores y los partícipes", por tanto, el Juez siempre deberá hacer la diferenciación de autores y de partícipes en toda conducta, por lo cual, de partida debe rechazarse cualquier planteamiento como el realizado por la Corte, que diga que la participación de un funcionario público en un hecho de corrupción, siempre debe

---

[191] ROXIN, Claus. Autoría y dominio del hecho en el Derecho Penal. Ob. Cit. Pág. 500
[192] ROXIN, Claus. Ob. cit. Pág. 500.
[193] Ibíd. Pág. 501.

tenerse como una autoría. Por ello, consideramos en principio que la teoría de los delitos de infracción al deber, no podría aplicarse en Colombia, si es concebida como una violación a la prohibición de la aplicación de la teoría unitaria de autor.

Otra oposición que se debe plantear a la aplicación de la teoría de Roxin de los delitos de infracción al deber, es que dicha teoría fue diseñada para fundamentar la posición de garante en algunos delitos especiales, y la aplicación de la comisión por omisión en ciertos delitos, y en la actualidad la doctrina, le ha hecho muchas críticas a esta teoría, las cuales también hay que tener en cuenta para negar su aplicación, incluso Schünemann, confirma su abandono en Alemania[194]. Entre las críticas que se le hacen a esta teoría, se encuentra, que al fundamentar la responsabilidad del autor en el incumplimiento de deberes extrapenales, hace al derecho penal dependiente normas extrapenales, y con ello se pierde el poder del derecho penal de configuración de los hechos delictivos[195], máxime si se entiende que las normas extrapenales pueden tener contradicciones, incluso, sancionar hechos que el derecho penal no sancionaría, o dejar impunes hechos que sí tendrían relevancia para el derecho penal. Otra crítica que se le hace a esta teoría, es que parece olvidar que la tipicidad se configura, no con la infracción de deberes extrapenales, que pueden ser si, un indicio de la tipicidad, sino por la imputación objetiva y subjetiva de un hecho típico, es decir, la persona debe haber cometido la conducta descrita

---

[194] SCHÜNEMANN, Bernd. Aspectos puntuales de la dogmática jurídico penal. Grupo editorial Ibáñez. Santo Tomás. Bogotá 2007. Pág. 206.
[195] FERNANDEZ BAUTISTA, Silvia. El administrador de hecho y de derecho. Tirant lo Blanch. Monografías 519. Valencia. 2007. Págs. 178-179.
También SCHÜNEMANN, Bernd. Ob. Cit. Pág. 206.

en un tipo penal, y no una simple relación causal iniciada por la infracción de un deber[196].

Por todo lo anterior, los partidarios de las teorías del dominio objetivo y positivo del hecho[197], plantean que la teoría los delitos de infracción al deber de Roxin genera, una forma diferente de imputación en la autoría que no es necesaria, y además, afirman que no se debe prescindir, ni siquiera en los delitos especiales, del criterio material del dominio del hecho, para diferenciar entre autores y partícipes, como por ejemplo, lo expone en Colombia, el profesor Suárez de la siguiente manera:

> "No es suficiente la infracción de un deber jurídico-público o jurídico-privado para que el especialmente obligado sea autor de infracción de deber, sino que se exige que domine la creación, el no control o el aumento del riesgo objetiva y subjetivamente imputable; en otras palabras, que la infracción del deber especial se integre al dominio del hecho."[198]

De acuerdo con lo anterior, no significa que nos opongamos a la posibilidad de plantear que un funcionario público pueda realizar un delito de peculado por comisión por omisión, lo que queremos plantear, es que no se puede admitir esta vía, aplicando la teoría de los tipos de infracción al deber, que prescinde de la teoría del dominio funcional del hecho, y que

---

[196] Ob. cit. Pág.185.
[197] DIAZ Y GARCIA CONLLEDO, La autoría en el derecho penal. PPU. 1991. Pág. 627; ROSO CAÑADILLAS, Raquel. Autoría y participación imprudente. Estudios de derecho penal. Editorial comares. Granada. 2002 pág. 538
[198] SUAREZ SANCHEZ, Alberto. Autoría. Tercera edición. Universidad Externado de Colombia. Bogotá. 2007.

por ello, impide una mejor manera de diferenciar entre autores y partícipes en el delito de peculado.

En el tema de la comisión por omisión, una de las teorías que combina las posiciones de garante, con el dominio del hecho, es la del dominio sobre la evitabilidad del resultado, desarrollada por el profesor Schünemann[199], quién considera que el derecho penal puede establecer los criterios necesarios para configurar la responsabilidad por comisión por omisión, sin necesidad de depender de normas extrapenales como lo plantea Roxin, y con criterios más concretos, que el criterio de la competencia o los roles que plantea Jakobs[200]. Schünemann expone, que para que un individuo sea responsable penalmente por una comisión por omisión, debió haber asumido la protección de un bien jurídico o la vigilancia de una fuente de riesgo, y a su vez, debe tener el dominio sobre la evitabilidad del resultado típico. En otras palabras, una persona será autor de una conducta por comisión por omisión, si dentro de su ámbito de dominio, pudo prever la producción de un resultado lesivo, y aun así, dejó que el curso causal continuara, produciéndose en últimas el resultado típico, como ocurre en el caso del dueño de un perro quién, viendo que el animal va a atacar a otra persona, no hace nada, pudiendo hacer algo para evitarlo[201].

Por último, también se quiere plantear que la Sala Penal de Corte Suprema de Justicia al acoger la tesis de los delitos de infracción al deber, en la sentencia citada al inicio, optó por una posición que no contiene los criterios materiales que

---

[199] SCHUNEMANN, Bernd. Ob. Cit. Págs. 195-231.
[200] JAKOBS, Gunther. Imputación objetiva en el derecho penal. Universidad Externado de Colombia. Bogotá. 1998. Págs. 73- 101.
[201] Ob. Cit. Págs. 213-214.

limitan la configuración de la comisión por omisión contenidos en el artículo 25 del Código Penal, pues como se dijo, la mera infracción al deber es un indicio de la tipicidad, pero se requiere de más elementos para configurar la responsabilidad penal en un peculado por comisión por omisión, de conformidad con la legislación penal vigente.

En efecto, la teoría de los delitos de infracción al deber no sería aplicable en Colombia, porque para los delitos especiales por acción, como el delito de peculado, no se requiere de la mera infracción de un deber jurídico especial, sino que a su vez, como lo exige el artículo 29 del C.P., que realice la conducta "por sí mismo", esto es, en el delito de peculado, que se apropie del bien (verbo rector), entendido esto, que el autor tenga el pleno dominio del hecho principal y prohibido; o que en su defecto, que la conducta la realice junto con otros, mediando acuerdo común, y actuando con división de trabajo, de tal forma, que sin su aporte, no se pueda ejecutar la conducta o la conducta se transforme en otra, por tanto, debe tener el dominio funcional del hecho, que se tendrá de acuerdo con "la importancia del aporte." Por tanto, en Colombia, se acoge para los delitos de acción, una concepción dual, donde se mezclan las valoraciones normativas, y las valoraciones ónticas, afines con las concepciones del dominio del hecho y del dominio funcional del hecho.

Y en los delitos especiales, realizados por comisión por omisión, de conformidad con lo establecido en el artículo 25 del C.P., también se adopta una concepción dual. En principio, en la comisión por omisión, se requiere que se configure sobre el agente una posición de garante, ya sea para la protección efectiva de un bien jurídico o la vigilancia de una fuente de riesgo de acuerdo con la Constitución o la Ley. Y si bien, se exige expresamente el incumplimiento de un deber jurídico de realizar una actuación, también se exige que esa acción, evite o mejor dicho, hubiese impedido con certeza, el resultado perteneciente a una descripción típica, y para completar, la norma además ordena, que el agente tenga la posibilidad de evitarlo, por tanto, no solo se requiere que se infrinja un deber, sino que se requiere la dominabilidad sobre la evitación del hecho, en términos de Schünemann[202], o como lo explica de otra forma, el profesor Velásquez:

> "Lo definitivo, pues, es que se tenga la posición de garante en la actuación de salvamento ordenada en el caso concreto (capacidad de acción) y que ella, con seguridad de manera concluyente y definitiva, habría impedido la realización del resultado (compromiso de poner en marcha la capacidad de acción."[203]

Con ello, el profesor Velásquez también comparte, que incluso en la comisión por omisión, por la existencia de un resultado, no solo se tiene que infringir un deber jurídico, sino que además se requiere de la acción desobedecida, sea la que impida el resultado, y por ello concluye con certeza que:

> "(...) esa acción debe también ser determinada, esto es, aquella que con certeza, con seguridad, de manera definitiva y sin la necesidad de realizar posteriores acciones intermedias, evite la realización del resultado típico."[204]

---

[202] Ob. Cit. Págs. 195-231.
[203] VELÁSQUEZ VELÁSQUEZ, Fernando. Manual de Derecho Penal parte general. Quinta edición. Ediciones jurídicas Andrés Morales. Bogotá. 2013. Pág. 427.
[204] Ibíd. Págs. 427-428.

Lo que ocurre, es que como la comisión por omisión, no existe causalidad por existir ausencia de acción, a lo que se acude es, a un concepto de causalidad hipotética, para poder equiparar los efectos de una acción, a los de una omisión, como lo explica el profesor Velásquez:

> "..., se afirma que la omisión es causa del resultado, si puesta mentalmente en su lugar, la acción esperada, que no es realizada por el omitente, el resultado desaparece con certeza, con seguridad; hay, pues, causalidad hipotética si la acción no realizada hubiera evitado la producción del resultado de manera cierta e indiscutible."[205]

De esta forma, se debe concluir, que para configurar la autoría en el derecho penal colombiano, en los delitos realizados por comisión por omisión, no basta solo con la infracción de deberes especiales, sino que se requiere de un dominio sobre la evitabilidad sobre el resultado, donde la conducta omitida por el agente, hubiera evitado con certeza el resultado, y por ello, quien tenga el dominio sobre la evitabilidad sobre el resultado deberá ser considerado como autor, y quién no lo tenga, deberá ser considerado participe, incluso en los delitos realizados en la modalidad de comisión por omisión (Art. 25 C.P.).

ELEMENTOS PARTICULARES DEL DELITO DE PECULADO Y LA AUTORIA Y PARTICIPACIÓN.

---

[205] Ob. Cit. Pág. 430.

1.1. SERVIDOR PÚBLICO: SUJETO ACTIVO CALIFICADO.

Uno de los elementos particulares del delito de peculado, es que es uno de los llamados delitos especiales, es decir, quien lo debe cometer es un sujeto activo calificado, que en este caso, requiere ser servidor público. Este concepto de servidor público, se encuentra ampliado por el artículo 20 del C.P., donde no solo se incluyen a los funcionarios vinculados al Estado por elección popular, a través de concurso para acceder a la carrera administrativa, o por libre nombramiento y remoción, o por contrato laboral como en el caso de los trabajadores oficiales, sino que además incluyen a los particulares que ejerzan función pública de forma temporal o permanente[206]. Además de lo anterior, habría que añadirle la interpretación de la Sala Penal de la Corte Suprema de Justicia, sobre el tema de las notarías, en la cual, estableció que los empleados de las notarías respondían como servidores públicos, al considerar lo siguiente:

> "Si el Notario es el depositario de la función de dar fe pública y si por la complejidad de tareas que debe desempeñar requiere de un equipo de colaboradores, es obvio que estos ejercen una función pública y si en desarrollo de la misma cometen delitos, responden naturalmente como servidores públicos."[207]

---

[206] Sobre el tema: GOMEZ MENDEZ, Alfonso; GOMEZ PAVAJEAU, Carlos Arturo. Delitos contra la administración pública. Universidad Externado. Tercera Edición. Bogotá. 2008. Págs. 77-107. PEÑA OSSA, Erleans de Jesús. Delitos contra la administración pública. Segunda Edición. Ediciones Ibáñez. Bogotá. 2005. Págs. 38-63; URIBE GARCIA, Saúl. Delitos contra la administración pública. Ediciones Unaula. Medellín. 2012. Págs. 55-120.

Lo anterior, tiene un significado mayúsculo en el entendido que si el Estado delega en un particular una función pública, como lo es la administración de recursos públicos; y para ejercerla se requiere de un trabajo en equipo, todas las personas particulares, que hagan parte de ese equipo, podrán responder como servidores públicos, y en virtud de ello, podrían responder por el delito de peculado, cuando un bien del Estado o de particulares, se encuentre bajo su administración, tenencia o custodia, en el ejercicio de una función pública.

Esta posición genera sin duda una problemática grande, pues administrar recursos públicos es considerada una función pública, y por esta razón, todo particular que administre recursos públicos, sería un funcionario público por asimilación y podría incurrir en el delito de peculado, cuando se apropie de dichos recursos. De esta manera, funcionarios de las empresas contratistas de obras, funcionarios de las EPS, funcionarios de las empresas concesionarias y funcionarios de entidades que ejercen alguna función pública, como las cámaras de comercio y las notarías que recaudan tasas e impuestos, terminarían respondiendo por el delito de peculado, cuando se apropien de los recursos públicos que se encuentren bajo su administración, tenencia o custodia.

De acuerdo con la legislación penal colombiana, cuando en una empresa privada que administra recursos públicos, se presenta un acto de apropiación de esos recursos, se pueden dar diferentes repuestas partiendo de la concepción de autoría

---

[207] COLOMBIA. CORTE SUPREMA DE JUSTICIA. Sala Penal. Sentencia del 25 de abril de 2002. MP. Dr. Carlos E. Mejía Escobar.

participación contemplada en el Código Penal, dependiendo de los supuestos de hecho, que a continuación vamos a analizar.

En los casos en los que los funcionarios de las empresas contratistas de obras, funcionarios de las EPS, funcionarios de las empresas concesionarias y funcionarios de entidades que ejercen alguna función pública, como las cámaras de comercio y las notarías que recaudan tasas e impuestos, se ven involucrados en actos de corrupción que implican la apropiación de recursos públicos, tenemos que partir de la base que, es la empresa en cada caso, y no los funcionarios de ella, la que de conformidad con una relación legal o contractual, tienen la función de administrar los recursos públicos. Desde esta perspectiva, la empresa es la que ejerce la función pública, y la persona natural que actúa en su nombre, no tiene ninguna relación contractual ni legal con el Estado, así que en teoría, es la empresa la que por asimilación se convierte en servidor público, y no la persona natural que actúa por ella[208].

Para estos casos particulares, el Código penal colombiano en el artículo 29 consagra la figura denominada el actuar por

---

[208] Sobre este tema, se había planteado en un trabajo anterior, que debido al criterio de especialidad, en los casos de los administradores de las EPS, debía aplicarse el delito de abuso de confianza agravado y no el delito de peculado. Sin embargo, la posibilidad de aplicar el delito de peculado sólo a los representantes legales a través de la figura del actuar por otro, parece ser una postura razonable y político criminalmente viable, para la protección de los recursos parafiscales de la salud. Sobre el tema: ABELLO GUAL, Jorge Arturo. El abuso de confianza y el peculado en la responsabilidad penal empresarial: la responsabilidad penal por administración de fondos parafiscales en las E.P.S. en Colombia. Revista Prolegómenos Derechos y Valores. Vol XIII. Julio-Diciembre de 2010. Págs. 267-284; Igualmente, ABELLO GUAL, Jorge Arturo. Derecho Penal Empresarial. Leyer. Bogotá. 2015. Págs. 189-205.

otro, que permite transferir, las calidades especiales contempladas en el tipo penal, de las empresas a las personas que la representan:

> También es autor quien actúa como miembro u órgano de representación autorizado o de hecho de una persona jurídica, de un ente colectivo sin tal atributo, o de una persona natural cuya representación voluntaria se detente, y realiza la conducta punible, aunque los elementos especiales que fundamentan la penalidad de la figura punible respectiva no concurran en él, pero sí en la persona o ente colectivo representado.

De conformidad con esta figura del actuar por otro, solo a los representantes legales o de hecho de la persona jurídica se le podrían transferir las calidades especiales requeridas por el tipo penal, es decir, la calidad de servidor público. En todo caso, se hace necesario hacer la claridad de que el representante de hecho, es una ampliación de la figura que incluye a aquellas personas que no teniendo autorización legal o poder legal para representar a la persona jurídica, actúan como tales y son reconocidos como tales al interior de la empresa y por fuera de ella por terceros, lo cual supera las barreras formales de los nombramientos y poderes, y crea un criterio material para asimilar a representantes legales, a ciertas personas que quedarían impunes a pesar de que sí actúan como representantes frente a terceros y al interior de la estructura societaria, pero que no cumplen los requisitos formales para ello.

De esta manera, el representante legal o los representantes legales de una empresa privada que administra fondos públicos, podrían incurrir en el delito de peculado a través de la figura del actuar por otro, que incluye, como ya se mencionó, a aquellas personas que no siendo formalmente representantes legales, actúen como tales al interior de la empresa y hacia terceros. Al respecto, la profesora Patricia Faraldo explica la figura de la siguiente forma:

> "La integración de otros sujetos distintos del formalmente idóneo en el círculo de autores de los tipos societarios especiales sólo se justifica teniendo presente que la conducta de aquellos, a diferencia de la de otros, es materialmente idéntica a la de los sujetos expresamente descritos en el tipo, que son, en los supuestos que nos ocupan, los administradores de hecho o de derecho de una sociedad constituida o en formación"[209]

Debido al criterio de la unidad de imputación[210], si un representante de hecho o de derecho se apropia de los recursos públicos, o los desvía para fines diferentes a los señalados por la Ley, estaría incurriendo en el delito de peculado, y las personas que en división de trabajo realizan el delito con él, teniendo el dominio funcional del hecho, por no tener el carácter de representantes legales, no podrían ser tratados como funcionarios públicos y por ello, responderían

---

[209] FARALDO CABANA, Patricia. Delitos societarios. Tirant lo Blanch. Valencia. 1996. Pág. 282.

[210] "La Sala considera, además, que para que haya lugar a la configuración del tipo especial basta con que alguno de los concurrentes que toman parte en su realización ostente la calidad especial y, por supuesto, infrinja el deber jurídico especial alrededor del cual gira o se fundamenta la protección del bien jurídico, sea cual fuera la posición desde donde se ubique." COLOMBIA. CORTE SUPREMA DE JUSTICIA. Sala Penal. Sentencia del 25 de Abril de 2002. M.P. Carlos Eduardo Mejía Escobar.

en calidad de intervinientes, figura consagrada en el artículo 30 del Código Penal que establece lo siguiente:

> "Al interviniente que no teniendo las calidades especiales exigidas en el tipo penal concurra en su realización, se le rebajará la pena en una cuarta parte."

Las demás personas, que puedan intervenir en el acto, como lo serían un instigador o un cómplice, responderían como tales, sin la rebaja consagrada para el interviniente, como bien lo estableció la sentencia de la Sala Penal de la Corte Suprema de Justicia del 8 de julio de 2003[211].

Si en la conducta de apropiación de los recursos públicos no interviene un representante legal de hecho o de derecho, el

---

[211] "Por eso, cuando dicha norma utiliza el término intervinientes no lo hace como un símil de partícipes ni como un concepto que congloba a todo aquél que de una u otra forma concurre en la realización de la conducta punible, valga decir determinadores, autores, coautores y cómplices, sino lo hace en un sentido restrictivo de coautor de delito especial sin cualificación, pues el supuesto necesario es que el punible propio solo lo puede ejecutar el sujeto que reúna la condición prevista en el tipo penal, pero como puede suceder que sujetos que no reúnan dicha condición también concurran a la realización del verbo rector, ejecutando la conducta como suya, es decir como autor, es allí donde opera la acepción legal de intervinientes para que así se entiendan realizados los propósitos del legislador en la medida en que, principalmente, se conserva la unidad de imputación, pero además se hace práctica la distinción punitiva que frente a ciertos deberes jurídicos estableció el legislador relacionándolos al interior de una misma figura y no respecto de otras en que esa condición no comporta trascendencia de ninguna clase." COLOMBIA. CORTE SUPREMA DE JUSTICIA. Sala Penal. Sentencia del 8 de Julio de 2003. M.P. Carlos Augusto Gálvez Argote. Esta sentencia ha generado muchas controversias respecto: FIGUEROA FONSECA, Lida Consuelo. El interviniente en el derecho penal. Editorial Ibáñez. Bogotá. 2014. Págs. 93-115; GOMEZ MENDEZ, Alfonso; GOMEZ PAVAJEAU, Carlos Arturo. Ob. Cit. Págs. 142-162; URIBE GARCIA, Saúl. Ob. Cit. Págs.112-117.

delito que se configuraría sería el del abuso de confianza agravado, si se tratare de un empleado encargado de administrar los recursos a través de un encargo fiduciario, pues este, cometería una apropiación sobre bienes muebles, "Abusando de funciones discernidas, reconocidas o confiadas por autoridad pública." En este caso se descartaría el peculado, por no presentarse la transferencia de la calidad de servidor público a través de la figura del actuar por otro, y por otro lado, según el criterio de especialidad para descartar los concursos de conducta punible, el tipo penal que mejor describe la conducta es el abuso de confianza agravado, y no el peculado. Este supuesto se presentaría en el caso de un jefe o director de algún departamento o dependencia, en la que se le asigne la facultad de administrar ciertos recursos públicos para efectos internos o externos. En estos casos, el jefe o director no es representante legal de hecho o de derecho de la empresa, y por ello, no se le transfiere la calidad de servidor público a través de la figura del actuar por otro, pero como es consciente de que los recursos que administra tienen carácter de públicos, no se le puede aplicar el delito de administración desleal, sino el delito de abuso de confianza agravado, que es el tipo más especial que castiga con pena, la conducta de quién se apropie de bien mueble ajeno, dado a través de un título no traslaticio de dominio (encargo fiduciario), por abusar de funciones discernidas, reconocidas o confiadas por autoridad pública, que en este caso, sería la empresa o el representante legal[212].

---

[212] ABELLO GUAL, Jorge Arturo. El abuso de confianza y el peculado en la responsabilidad penal empresarial: la responsabilidad penal por administración de fondos parafiscales en las E.P.S. en Colombia." Ob. Cit. Págs. 267-284.

Por otra parte, si la apropiación sobre recursos públicos se cometiere por empleados que no tienen un encargo fiduciario sobre dichos bienes, el delito que se configuraría sería el de hurto agravado por la confianza, y no el abuso de confianza agravado, pues, además de no poderse dar la transferencia de la calidad especial de servidor público por la figura del actuar por otro, el empleado que actúa así, no ostenta un título no traslaticio de dominio necesario para el abuso de confianza, y por eso, no realiza una apropiación sino un apoderamiento, con lo que se haría acreedor de una imputación por hurto agravado por la confianza[213].

Ahora bien, es necesario incluir dentro de lo analizado dos situaciones muy importantes que demarcan también la autoría en el delito de peculado. La primera, es establecer que los recursos apropiados en efecto, si sean recursos públicos, pues de lo contrario, no se podría configurar el delito de peculado, en los casos antes planteados. En principio se debe partir de que la mayor parte de empresas que se les asigna la administración de recursos públicos, también cuentan con recursos privados, como son los aportes de capital que hacen los socios, las utilidades, y las rentas propias de la explotación de otras actividades contenidas en su objeto social, o que producen sus activos fijos. Por esta razón, no puede afirmarse de tajo que la apropiación de dineros o bienes que tenga la empresa, son recursos públicos y por tanto, se configura el delito de peculado. En principio, se supone que una empresa por lo menos desde el punto de vista contable, debe tener

---

[213] ABELLO GUAL, Jorge Arturo. El abuso de confianza y el hurto agravado por la confianza en la responsabilidad penal empresarial en Colombia. Revista Prolegómenos Derechos y Valores. Vol XIII. Enero Junio de 2010. Págs. 181-200

claro qué recursos tienen carácter de público y cuáles son propios de la empresa, sin embargo, ello no siempre ocurre así. Por ejemplo, en el caso de las EPS, en una época, no era fácil diferenciar entre recursos públicos y recursos propios, pues se manejaba el concepto de unidad de caja, según el cual, tanto los recursos privados como los públicos se administraban en las cuentas generales de la EPS, y se administran como un solo proceso financiero, donde se utilizan tanto recursos públicos, como privados. En esos casos, solo en los balances mensuales y anuales, era posible diferenciar claramente el origen de los recursos, pues en los balances se podía observar cuánto dinero recibía la EPS del sistema general de salud, y cuánto dinero se recibía de rentas propias, así mismo, solo en los balances se podía establecer cuál era la utilidad generada en cada operación mensual.

Por esta razón, en las empresas que manejan tanto recursos públicos como recursos privados, debe existir una metodología para diferenciar unos de otros, que por regla general, es la separación de las cuentas, y de los procesos, asignando claramente su administración a personas determinadas, pero como se advirtió anteriormente, no siempre, se usa la misma metodología. Igualmente, se debe también trazar una metodología que le permita a la empresa determinar claramente cuáles son las utilidades que produce la administración de los recursos públicos, y cuáles son las que producen los recursos privados, evitando con ello confusiones. Estas metodologías son importantes porque en últimas, permiten determinar la naturaleza jurídica de los recursos, para que en caso de apropiación o desviación de los recursos públicos, podamos fácilmente imputar el delito de peculado. Por esta razón, si la apropiación llevada a cabo por parte de un representante legal de una empresa que administra fondos parafiscales, se ejecuta sobre recursos que no tienen naturaleza de públicos, sino son de la propia empresa, el delito aplicable sería una administración desleal[214], y no el peculado.

El segundo aspecto que tiene que ver mucho con lo anterior, es el conocimiento que debe tener el sujeto activo, de que se está apropiando de un recurso público, y ello hace referencia a un conocimiento especial que califica el dolo del autor, pues en el delito de peculado, no basta con que la persona sea consciente de que se está apropiando de cosa mueble ajena, sino que es necesario que sea plenamente consciente, de que esa cosa mueble ajena que se apropia, tiene naturaleza jurídica de recurso público. Así las cosas, quién se apropia de unos dineros que administra la empresa, pero no sabe que esos recursos tienen el carácter de públicos, porque la empresa no cuenta con una metodología clara de diferenciación de dichos recursos en esa operación, podría incurrir en una clase de error, que en el código penal colombiano se denomina error sobre un tipo más benigno, que es descrito en la norma de la siguiente forma: "Cuando el agente obre en un error sobre los elementos que posibilitarían un tipo penal más benigno, responderá por la realización del supuesto de hecho privilegiado." Por esta vía, el representante de hecho o de derecho de una empresa privada que administre recursos públicos, que no conozca que el dinero que se está apropiando son recursos públicos, ya no

---

[214] ABELLO GUAL, Jorge Arturo. Derecho penal empresarial. Ob. Cit. Págs. 97-120; SUAREZ SANCHEZ, Alberto. "Delitos contra el patrimonio económico". En: Lecciones de Derecho Penal parte especial. Bogotá. Universidad Externado de Colombia. Bogotá. 2006. Págs. 393-406.

respondería por el delito de peculado, sino por vía del error en el tipo más benigno, podría responder según el caso por administración desleal, si tenía dentro de sus funciones la administración de los recursos apropiados, o por hurto agravado por la confianza, si no tenía asignada dicha función. Por esta misma razón, los funcionarios que no siendo ni administradores de hecho ni de derecho, que se apropien de dineros sin conocer que son recursos públicos, responderán por el delito de administración desleal, o en su defecto, de hurto agravado por la confianza, según ya se señaló anteriormente, y no de abuso de confianza agravado.

Por último, cabe remarcar que quién no tiene la calidad de representante legal de hecho o de derecho, pero conoce que se está apropiando de recursos públicos que le fueron encargados en calidad de administración fiduciaria, no realiza el delito de administración desleal, debido al conocimiento especial del autor, que sabe que no está realizando un delito contra los intereses particulares de los socios de la empresa, sino en contra de recursos del Estado. Por este conocimiento especial precisamente, el sujeto deberá responder por el delito de abuso de confianza agravado, porque al conocer que los recursos no son de la empresa, y sino que son públicos, el tipo penal más especial, es el abuso de confianza agravado, en razón de abusar de funciones discernidas, reconocidas o confiadas por autoridad pública. El problema que deja esta solución que técnicamente es la más acertada por el principio de especialidad, es que el autor, termina siendo beneficiado punitivamente, porque tanto la pena del hurto agravado por la confianza y como la de la administración desleal, son más altas de la pena contemplada para el abuso de confianza agravado.

RELACIÓN FUNCIONAL ENTRE EL AUTOR Y LOS BIENES PROTEGIDOS POR EL DELITO DE PECULADO.

Una vez establecidas las variantes que genera la calidad especial de servidor público en la determinación de la autoría y la participación en el delito de peculado, se debe también advertir que de acuerdo con la estructura del delito de peculado contenida en el Código Penal colombiano, no todo servidor público podría cometer un delito de peculado al apropiarse de un recurso del Estado, pues además de ostentar dicha calidad, el tipo penal exige además, una relación funcional entre el autor y el objeto material del delito, esto es, que los bienes del estado o bienes de particulares, cuya administración, tenencia o custodia, se encuentren a cargo del autor[215].

Para el análisis de este elemento de la relación funcional, partimos de dos supuestos, el primero tiene que ver con la asignación de la función de administrar, tener o custodiar un bien del Estado o de particulares en ejercicio de dicha función, y la otra tiene que ver, con la función de disponer de dichos recursos. Se hace dicha claridad, pues para efectos prácticos

---

[215] Al respecto: ARBOLEDA VALLEJO, Mario; RUIZ SALAZAR, José Armando. Manual de derecho penal partes general y especial. décima edición. Editorial Leyer. 2013. Pág. 1222; FERREIRA DELGADO, Francisco José. Derecho Penal Especial. Tomo II. Temis. Bogotá. 2006. Págs.294-299; PABÓN PARRA, Pedro Alfonso. Manual de Derecho Penal. Parte Especial Tomo II. Octava edición. Ediciones Doctrina y Ley. Bogotá. 2011. Pág. 905. URIBE GARCIA, Saúl. Ob. Cit. Págs.238-240; GOMEZ MENDEZ, Alfonso; GOMEZ PAVAJEAU, Carlos Arturo. Ob. cit. Págs.228-236.

hay diferencias en estas dos funciones, a pesar de que ambas, se encuentran abarcadas dentro de la acción de administrar[216], que implica tanto las funciones de tenencia, como las de disposición, como bien lo explica el profesor Pabón Parra:

> "Administrar es expresión amplia que indica utilización, empleo o inversión, pero además implica cuidado y custodia; al referirnos a la administración de bienes públicos, tal actividad puede comprender la tenencia directa de los bienes como pueden ser los casos del recaudador, el pagador o el custodio. Pero además el término comprende las facultades de disposición, el contacto jurídico con el bien, como es la situación del ordenador del gasto."[217]

En la función de tenencia o custodia, a un funcionario se le asignan unos elementos de trabajo, como un computador, a través de un inventario de bienes que se le entregan; si el funcionario se apropiare de dichos bienes, comete el delito de peculado. En el caso de la función de disposición, la situación cambia bastante, porque un funcionario tiene facultades para transferir el dominio de dichos bienes a otras personas, pero se encuentra limitado por un procedimiento legal, donde debe existir en principio, una asignación presupuestal, una necesidad del servicio, una apropiación presupuestal y además, debe agotar un procedimiento para disponer de dicho bien, en el que deben intervenir varias personas. Por esta razón, cuando se trata de un peculado por apropiación en

---

[216] "Ordenar, disponer, organizar, en especial la hacienda o los bienes." REAL ACADEMIA ESPAÑOLA RAE. En la siguiente dirección web: http://lema.rae.es/drae/?val=administrar. Consultada el 25 de Junio de 2015.
[217] PABÓN PARRA, Pedro Alfonso. Ob. Cit. Pág. 905.

una acción de disposición de los bienes, la imputación es más compleja, y por eso será tratada en la siguiente sección de este artículo.

Pero bueno, comencemos con el primer problema, y es cómo se debe asignar la función de administración, tenencia o custodia de un bien a un funcionario, para que se le pueda imputar el delito de peculado. La relación funcional desata una discusión sobre el alcance de las expresiones "en razón o con ocasión de sus funciones", que trae el Código Penal colombiano, como bien lo explica el profesor Carlos Mario Molina Arrubla:

> "Recordando que una cosa es el cargo y otra muy distinta las funciones propias o inherentes al mismo, hemos de decir que, en sede del peculado, la entrega de tales bienes al servidor público ha de haberse efectuado o por razón de las funciones a este último confiadas o con ocasión de las mismas, pero de ninguna manera por fuera de ellas, porque entonces el hecho cambiaria de denominación. La entrega será por razón de las funciones, cuando es precisamente de resorte del funcionario encargarse de la administración, tenencia o custodia física o jurídica de tales bienes; y será en razón de las funciones, cuando no siendo esa la función propia, esencial o fundamental del servidor, ella se desprende de lo que ordinariamente le compete hacer.
>
> (...)
>
> Sea que la adscripción del bien al funcionario provenga de la ley o del acto administrativo, como acaba de

verse, lo cierto del caso es que no basta con que esa relación sea meramente material, debiendo existir un vínculo jurídico entre tales extremos (agente delictual y objeto material), de tal manera que si el servidor público se apropia de unos bienes sobre los cuales detenta una mera relación de hecho o material, surgida del ejercicio del cargo y no de la función, no se estructurara un hecho punible contra la administración pública sino, a lo máximo, contra el patrimonio económico.

Lo dicho en precedencia denota que en punto a esta situación, han sido presentadas dos tesis extremas: una, que cabría llamar amplia, conforme a la cual bastaría con la simple relación material entre el agente y el objeto, para que la apropiación que verificara el primero sobre el segundo estructurase un peculado, pese a que dicha custodia o administración no hubiese sido adscrita en forma inequívoca por la ley; y la otra, que podríamos denominar estricta o restringida, con sujeción a la cual se postula que no basta con tal relación de hecho, siendo menester la vinculación jurídica entre sujeto y objeto (sujeto activo y objeto material)."[218]

De acuerdo con lo explicado por el profesor Molina Arrubla, sobre el tema del vínculo funcional exigido en el delito de peculado, existen dos posturas, por un lado se encuentra la tesis formal, según la cual, las funciones de administración, tenencia o custodia sobre el bien, deben estar asignadas al

---

[218] MOLINA ARRUBLA, Carlos Mario. Delitos contra la Administración pública. Leyer. Bogotá.2005. Págs. 91-95.

funcionario por la Ley, entendiendo a la Ley en sentido amplio, en la cual se incluyen los actos administrativos. Y la otra postura que se inclina por una tesis material, donde considera que puede configurarse el peculado, sin necesidad de una asignación rígida de la función de administración, tenencia o custodia del bien al funcionario, bastando sólo la tenencia material, para configurar una relación funcional.

Para este trabajo, la postura más apropiada para entender el contenido de la relación funcional es la primera, pues el Derecho Administrativo no admite ni las analogías, ni la costumbre para la asignación de competencias a un funcionario público, es más, desde la misma Constitución en su arrtículo 122, se prohibe que un funcionario realice funciones que no estén asignadas previamente en la Ley. Lo más acertado partiendo del principio de legalidad que rige en el derecho administrativo y en el derecho penal, es entender que la expresión que trae el Código Penal en el artículo 395, de "en razón de sus funciones", es que el bien se encuentre bajo la administración tenencia o custodia, del funcionario bajo una asignación previa establecida por la Ley, entendiendo que la Ley comprende, el acto de nombramiento, el manual de funciones y el inventario sobre los bienes que se encuentran bajo su cargo. Además de ello, habrá que entender que la expresión "con ocasión de sus funciones", implica que al funcionario a través de un acto de delegación (un acto administrativo) le asignaron la administración, tenencia o custodia, sobre determinados bienes que inicialmente no se encontraban dentro de sus funciones, pero que a través de un acto de delegación legítimo, se le reasignaron. Así también lo expresa el profesor Cancino:

"Es cierto que resulta casi imposible que las funciones de todos los empleados que constituyen la administración pública puedan estar detalladas de manera minuciosa por normas o reglamentos; pero lo que si es cierto es que por mandato constitucional cada empleado oficial debe tener una función fundamental, clara, dentro de su respectivo ámbito, en forma tal que si bien es cierto que no puede establecer una tabla absolutamente detallada de lo que debe hacer, por lo menos sí debe existir claridad tal que permita identificar su función dentro de la administración. De lo contrario sería imposible saber cuándo existe, por ejemplo, "usurpación de funciones", "delitos de responsabilidad", "exceso en los deberes", etc.; y se crearía una verdadera anarquía en la administración, ya que por costumbres más o menos reiteradas se intercambiarían funciones caprichosamente.

Si, en un momento determinado, existe norma que faculta a un superior para asignar ciertas funciones al inferior, ello no implica que ese superior pueda modificar la filosofía de esta funcionalidad y desnaturalizarla o desviarla. Siempre habrá esas posibilidades de extensión, pero, por una parte, la fuente es la misma ley que autoriza y no el caprichoso costumbrismo, y por la otra, esa autorización está limitada por un principio de respeto hacia la original naturaleza de la función."[219]

Por su parte, el profesor Molina Arrubla, considera que la disponibilidad jurídica debe darse de dos formas, la primera es

---

[219] CANCINO MORENO, Antonio. El peculado. Temis. Bogotá. 1983. Págs. 100-101.

la inmediata, que es cuando el sujeto activo tiene materialmente los bienes, o de manera mediata cuando el sujeto activo tiene el poder de ordenar realizar actos de disposición a quienes los que tienen la administración material de los bienes[220]. Menciona también que esa disponibilidad jurídica se debe limitar a los deberes específicos del cargo, y evitar acudir a los deberes generales que terminarían por producir resultados injustos:

> "En síntesis, es suficiente la capacidad para disponer de los bienes, así sea por interpuesta persona, siempre y cuando ello aparezca como una consecuencia directa de la función jurídica desempañada por el agente delictual, para que pueda predicarse la disponibilidad de los bienes por parte suya. Evidentemente, lo que se incrimina es el fraude cometido por razón de los deberes propios y no el fraude por razón de una función pública general, como que, por ejemplo se correría el peligro, con base en el numeral 20 del artículo 189 de la Constitución Nacional, según el cual es función y deber del Presidente de la República, "velar por la estricta recaudación y administración de las rentas y caudales públicos y decretar su inversión de acuerdo a las leyes", el que se hiciere responsable, de todas las acciones u omisiones punibles en el campo de los delitos contra el Patrimonio Público, patentizadas por parte de sus subalternos quienes sí tienen la disponibilidad material, inmediata, sobre tales bienes."[221]

De esta forma, debe entenderse que cometen el delito de peculado, solo aquellos funcionarios que previamente tengan

---
[220] MOLINA ARRUBLA, Ob. cit. pág. 97.
[221] Ob. Cit. Pág. 97.

asignados a través de la Ley o actos administrativos concretos, la administración tenencia o custodia de determinados bienes del Estado o de particulares, o que no teniéndolos inicialmente, le fueron asignados con ocasión de sus funciones, esto es, a través de un acto administrativo de delegación legítimo por un superior o una autoridad competente, que tuviera inicialmente la titularidad de dicha función. De no presentarse alguno de estos dos casos, se podría afirmar que el funcionario no estaría cometiendo un delito de peculado, sino un delito contra el patrimonio económico.

Los efectos de todo lo anteriormente reseñado, en la autoría y participación, es que sólo aquel funcionario al que se le haya asignado directamente por la ley o por un acto administrativo, o indirectamente a través de un acto de delegación legítimo, la administración, tenencia o custodia sobre un bien del Estado, podrá ser autor del delito de peculado, y los demás que participen con el autor, que no tengan dicha relación funcional con los bienes, incluso siendo funcionarios públicos, deberán ser tratados como intervinientes, si tienen el dominio funcional sobre el hecho, y los que no tengan tal dominio, deberán ser tratados como cómplices o determinadores, según el caso.

LA "COMPLEJA TEORÍA" DE LA DISPONIBILIDAD JURÍDICA Y MATERIAL DEL BIEN.

En el caso de la función de disposición de los bienes del Estado, que son los casos en los que un funcionario público tiene la función de ordenador del gasto, esto es, la posibilidad de transferir los recursos públicos a otras personas, previo el cumplimiento del procedimiento y unos requisitos legales, la Sala Penal de la Corte Suprema de Justicia, en Sentencia del 23 de Septiembre de 2003 ha explicado, que en dichos casos, la imputación del delito de peculado se extiende a todos los funcionarios que participan en la elaboración de dicho acto complejo:

> "La teoría compleja de la disponibilidad jurídica sobre el presupuesto aceptada pacíficamente por la doctrina y la jurisprudencia, incluida la de esta Sala, implica que no solo el ordenador del gasto puede ser autor de peculado por apropiación, sino también el titular de la iniciativa en materia de gasto, y otros funcionarios como por ejemplo el auditor, el revisor fiscal, el pagador, siempre que hubieren tenido el deber de actuar en algún eslabón del acto complejo y que hubiesen sustituido por su voluntad dolosa los postulados de la Ley decreto, resolución , reglamento, manual de funciones, procedimientos institucionalizados no escritos, etc., que contemplen tal deber.
>
> No se debe confundir la disponibilidad material o física sobre el presupuesto (...) posibilidad que puede recaer en un funcionario exclusivo y determinado, como el ordenador del gasto y el almacenista, entre otros, con la disponibilidad jurídica del mismo, pues éste concepto amplio no solo involucra a los anteriores sino que se extiende a todos aquellos que deben intervenir de manera imprescindible para que el compromiso de la erogación nazca a la vida jurídica."

La sentencia antes transcrita, genera un problema, pues en principio enumera a una cantidad de funcionarios que podrían responder por un delito de peculado, inicialmente bajo la condición de que participen en el acto complejo que produce la disposición de un recurso público, sin embargo, en cada caso concreto, se debe hacer un análisis sobre el procedimiento que se debe seguir para realizar un acto de disposición de recursos públicos, y los funcionarios que deben intervenir para que dicho acto surta sus efectos jurídicos.

Ahora bien, incluso con esta sentencia de la Sala Penal de la Corte Suprema, se deben revalidar los criterios ya señalados de la legislación y la doctrina colombiana, para diferenciar entre autores y partícipes en el delito de peculado. Por tanto, no es cierto como lo plantea la sentencia antes citada, que todo aquel que participe en el acto administrativo complejo que dispone de un recurso público debe responder como coautor, pues esa afirmación no se compadece con los criterios que ya hemos trabajado y que debemos utilizar para diferenciar entre autores y partícipes.

Tomemos un ejemplo para aplicar los criterios expuestos, y así desvirtuar la afirmación de la Corte Suprema. En una entidad pública requieren contratar a una persona a través de un contrato de prestación de servicios, para lo cual, debe haber una solicitud de la necesidad para contratar; posteriormente se debe hacer una solicitud a tesorería para verificar la disponibilidad presupuestal para que se confirme que la entidad sí tiene el presupuesto para contratar; luego debe hacerse la apropiación presupuestal por parte de tesorería, para que los recursos queden comprometidos al cumplimiento de esa obligación; luego, debe verificarse por parte de recursos humanos que el aspirante cumpla con los requisitos para el cargo; una vez hecho esto, el departamento de jurídica debe elaborar el contrato, para que por último, lo firme el Director de la entidad y el aspirante. En el mismo contrato, se asigna a un interventor para que vigile y controle el cumplimiento del trabajo del contratista, de esta forma, una vez el contratista presente un informe de gestión, debe ser aprobado por el interventor, y luego de ello, deberá pasar una cuenta de cobro junto con otros soportes, como el pago de seguridad social, a tesorería. En la tesorería, se estudia si la cuenta de cobro reúne con todos los requisitos para ser pagada, y de ser así, la incluye dentro del plan de pagos, que se le pasa mes a mes al director de la entidad para su aprobación. El director que tiene la función de ordenador del gasto, revisa y aprueba el plan de pagos, y los recursos los gira tesorería de las cuentas de la entidad, a través de cheques o giros electrónicos.

En el caso planteado, existen muchas variantes para aplicar un delito de peculado. Por ejemplo, si el contratista no cumple con su trabajo o lo realiza de forma defectuosa, pero se pone de acuerdo con el interventor para que este apruebe el informe de gestión de todas formas, y el contratista con dicha aprobación, pasa la cuenta de cobro respectiva, que es posteriormente pagada. La respuesta penal al caso anterior, debe darse de la siguiente manera: El contratista de conformidad con la Ley 80, se asimila a un servidor público, y lo mismo ocurre con el interventor, por esta razón, el contratista se apropiaría de recursos públicos, y el interventor permite que otro se apropie de los mismos. El problema con esto, es que el contratista no tiene bajo la administración, custodia o tenencia de los recursos públicos que se está apropiando, porque su conducta busca recibir el pago de un trabajo que no ha realizado. Sin embargo, si tiene un deber funcional sobre los recursos que está cobrando, y es de actuar legalmente, y cumplir con sus obligaciones contractuales, de tal forma que, con su conducta no genere una apropiación indebida de recursos públicos, y este deber se concreta, en no cobrar hasta que cumpla las condiciones establecidas en el contrato. De esta manera, en el caso del contratista, el deber de no cobrar cuando no se cumplan las condiciones del contrato, se asimilaría a la del ordenador del gasto, de no pagar hasta que no se cumplan las condiciones del contrato, de esta forma se concreta un deber de administración y custodia sobre los recursos públicos que debe cobrar. El interventor por su parte, también tiene una función de control y vigilancia sobre el pago de un trabajo, y la evitación de la apropiación de los recursos por parte del contratista, su deber entonces, se concreta en confirmar que el contratista cumplió con las condiciones contractuales, que es la condición principal para proceder al pago. Así las cosas, el interventor tendría un deber de custodia sobre el pago de los recursos públicos, de conformidad con las obligaciones contractuales. Así las cosas, desde el punto de vista de la imputación objetiva, ambos crean un riesgo jurídicamente desaprobado, pues uno infringe sus obligaciones contractuales y el otro incumple sus obligaciones de control y vigilancia sobre el cumplimiento de dichas obligaciones, que posteriormente se concretan en el resultado de apropiación ilícita de los recursos públicos.

De esta forma, se plantearía una coautoría de un delito de peculado entre el interventor y el contratista, pues para que se configure la apropiación se requiere que el contratista presente el informe de gestión falso, que el interventor lo apruebe, y que luego el contratista presente la cuenta de cobro con todos los soportes, para que la tesorería, lo incluya dentro del plan de pagos que le va a presentar al Director de la entidad. Así las cosas, se puede verificar que entre el contratista y el interventor, existe acuerdo previo, una división de trabajo, y debido a la importancia de los aportes que hicieron ambos al hecho punible, los dos tienen el dominio funcional del hecho, además que los aportes fueron realizados en la etapa ejecutiva del acto. En el caso planteado, ni el director que aprueba el pago, ni el tesorero que gira posteriormente los recursos, podrían responder por el delito de peculado doloso, porque a pesar de haber intervenido en el acto complejo de la disposición, no tenían ni el conocimiento de que el contratista no había cumplido con su trabajo, ni que el interventor mintió al aprobar el informe de gestión, por esta razón, tanto al Director como al tesorero, se les debe aplicar el principio de confianza para excluirlos de responsabilidad penal, porque es claro que confiaban que tanto el contratista como el interventor actuaron legalmente.

Igualmente, desde la figura de la coautoría, ni el Director, ni el tesorero, pueden ser coautores a pesar de participar en el acto complejo de disposición, pues no participaron en el acuerdo común para la realización de la conducta punible, y además, hay que darle aplicación a la teoría de la autoría mediata, en la cual, son autores mediatos del delito de peculados, el contratista y el interventor, mientras que el interventor y el tesorero fueron unos meros instrumentos, y no responderían por el delito de peculado doloso.

De esta forma, queda claro que no es cierto que todos los que intervienen en el acto de disposición de los recursos públicos, sean responsables del delito de peculado, pues de acuerdo con las reglas de la imputación objetiva y subjetiva de un hecho punible, es posible encontrar criterios de exclusión de responsabilidad, y evitar los tan perversos efectos de la responsabilidad objetiva y la autoría unitaria, que a veces parecen filtrarse en los pronunciamientos de los órganos jurisdiccionales colombianos.

Ahora bien, para terminar con las diferentes variables del caso, se puede decir que el Director y el tesorero podrían responder dolosamente como coautores, solo si se prueba que existió acuerdo previo con los demás coautores del delito, pues no basta con afirmar, que ha debido saber o debió conocer de los hechos, porque estos argumentos, solo podrían fundamentar si acaso, una responsabilidad culposa, del Director y el tesorero, quienes, de presentarse un hecho evidente del incumplimiento del contratista, como ocurriría en el caso del contratista que fue contratado para remodelar el baño público de la entidad pública, y a pesar de que todos, incluido el Director de la entidad, se pudieron dar cuenta que no se inició ninguna obra en el baño, se ordena el pago al contratista por un trabajo que no realizó. Sólo en estos eventos, el Director y el tesorero responderían cada uno, como autor accesorio de un delito de peculado culposo, pues al no existir acuerdo previo, es imposible hablar de coautoría, y solo si se puede romper el principio de confianza en el caso planteado, al afirmar, que no fueron diligentes, y no revisaron la veracidad del informe de gestión del contratista y de la aprobación del interventor, a pesar de que se tenían serios indicios de su incumplimiento y del actuar fraudulento. Precisamente sobre este punto ha surgido una posición según la cual, el servidor público que administra recursos públicos, tiene una posición de garante sobre ellos, y que por tanto, no le es aplicable el principio de confianza, sobre este particular planteamiento, debemos exponer nuestro absoluto rechazo, pues de acuerdo con el principio de buena fe del artículo 83 de la Constitución, y el principio de presunción de inocencia consagrado en el artículo 29 de la Carta, en un juicio penal, se debe presumir que el indiciado parte del principio de confianza, y es la Fiscalía la que debe desvirtuarlo, pues lo contrario, sería una presunción de culpabilidad y una inversión de la carga de la prueba, figuras que no son aplicables en el derecho penal por prohibición constitucional (Art.29 de la Constitución).

Ahora bien, se deben tener presente dos eventos adicionales, y para ello, vamos a utilizar el mismo caso incluyendo dos variantes. La primera variación del caso, consiste en que el Director se concertó junto con el contratista y el interventor para favorecer al contratista, pero para no verse comprometido con el hecho, delega a un tercero, quién no es consciente de la situación. En este caso, si el gerente da la orden a su delegado para aprobar el pago, el gerente se convierte en un determinador del peculado si el delegado era consciente del fraude o en un autor mediato, si el delegado no podría darse cuenta de la maniobra fraudulenta.

En el caso de que el gerente guarda silencio, y el delegado aprueba el pago, en todo caso engañado, el interventor y el contratista serían coautores mediatos, y el gerente sería un cómplice, pues si bien realizó un aporte al hecho, en tanto que delegó la función en otra persona para facilitar el fraude, permaneció en silencio, y no se opuso ante la actuación engañosa del contratista y del interventor, el delito en este caso, no se hubiese consumado con las solas acciones u omisiones del Director, pues nada hubiese ocurrido, si el contratista no hubiese presentado la cuenta de cobro con el visto bueno del interventor; además, que el delegado tuvo toda la posibilidad de estudiar el caso y de negar el pago, sin ninguna intervención del Director. La solución que se propone es un poco polémica, pero se encuentra acorde con una imputación en el campo de la acción, donde por regla general, es cómplice quién omite o guarda silencio, y los autores son los que dominan el curso causal y son los protagonistas del hecho delictivo, por esta razón, en esa línea argumentativa se considera que a pesar de ser el Director, de conocer la maniobra engañosa y de realizar algunos actos dirigidos a facilitarla, no tiene el dominio funcional del hecho como sí lo tienen el contratista y el interventor. Sin embargo, en el mismo supuesto de hecho, existe otra forma de imputación de responsabilidad, que se da a través de la figura de la comisión por omisión contemplada en el artículo 25 del C.P. En esta otra forma de imputación, se podría argüir que el Director en el caso planteado tiene el deber y la potestad legal de revocar el acto de delegación, reasumir la función e impedir el fraude, negando el pago que fraudulentamente había solicitado el contratista, por esta vía, su conducta se convierte en una comisión por omisión, porque como Director de la entidad tiene una posición de garante, y en virtud de la cual, omitió cumplir con su deber de custodia de los recursos públicos que tiene a su cargo, infringiendo un deber legal, teniendo la posibilidad y la obligación de impedir dicho resultado. De esta forma, solo a través de la comisión por omisión, se podría configurar una posición de garante al Director y así imputarle un peculado en calidad de coautor.

CONCLUSIÓN.

De acuerdo con todo lo antes expuesto en este trabajo, se hace necesario concluir que de conformidad con la estructura de la autoría y la participación consagrada en el código penal colombiano, el funcionario judicial se encuentra obligado por mandato legal a realizar en cada caso en concreto la diferenciación entre autores y partícipes (Art. 28 C.P.), utilizando como mínimo los criterios contemplados en el artículo 29 del C.P. como son el acuerdo en común, la división de trabajo y la entidad del aporte. Por esta razón, los órganos jurisdiccionales deben descartar la antigua tendencia de aplicar la teoría de la autoría unitaria, según la cual, todo aquel que haga un aporte al hecho punible, debía ser tenido como autor.

En relación con el delito de peculado, debe mencionarse que los criterios de la autoría y la participación se ven afectados por dos elementos especiales que trae la estructura de este tipo penal como son la calidad de servidor público, y la relación funcional que debe existir entre el autor y el bien protegido.

Precisamente por estas particularidades del delito de peculado, es que figuras como el actuar por otro y el interviniente, deben ser utilizadas para abordar ciertos casos especiales, donde interviene en el delito, un sujeto que no tiene formalmente la calidad de servidor público, o que no tiene la calidad de servidor público, pero es representante legal de una empresa que ejerce una función pública.

En el caso de la relación funcional entre el autor y el bien protegido por el delito de peculado, es claro que sólo sería autor aquel funcionario público que tuviese asignada la función, pero como se explicó en el trabajo, esa asignación puede ser de forma directa a través de la Ley o un acto administrativo, o a través de un acto de delegación legítimo.

Por último se deja también sentado que si bien en la función de disponer de recursos públicos, deben obligatoriamente participar varias personas dentro de un procedimiento legal, ello no implica per se, que todos los que participan en este acto complejo deban responder por el delito de peculado en caso de que en determinado trámite se presente una apropiación, pues se requieren constatar todos los elementos de la imputación objetiva y subjetiva del hecho, y por esta vía, es posible diferenciar entre personas responsables del hecho y personas que deben ser absueltas de toda responsabilidad.

SOBRE EL ACTUAR POR OTRO Y EL INTERVINIENTE EN EL DELITO DE PECULADO.

La noción de servidor público por extensión descrita en el artículo 20 del Código Penal colombiano genera mayores ámbitos de amplificación de la punibilidad cuando se combina con otras figuras como el actuar por otro (Art. 29 C.P.) y el interviniente (Art. 30 C.P.). En el actuar por otro existe la transferencia de las calidades especiales del autor exigidas en el tipo (autor calificado o intraneus), a personas que no las tienen inicialmente (extraneus), y esto debido a la representación de hecho o de derecho que éstos últimos ejercen en nombre de los primeros en determinados actos. En la figura del actuar por otro, el acto de representación es el presupuesto para que se genere la transferencia de las calidades especiales exigidas en el tipo penal del intraneus al extraneus, sin que para esto se requiera alguna formalidad especial, puesto que en el artículo 29 del C.P., habla de representación de derecho o de hecho, haciendo alusión inclusa a la figura de un factor, existente en el derecho comercial. De esta manera, no solo aquel que ostente un contrato de mandato o un acto administrativo de delegación de funciones sería objeto de la transferencia de las calidades especiales, sino incluso todo empleado tanto en el ámbito privado como en el público que dentro de su competencia pueda representar a su empleador en ejercicio de una función pública.

Lo anterior debe entenderse con una serie de matices, pues el derecho no todo lo permite, y sobre todo tratándose del derecho público. La figura del actuar por otro es útil para los casos que hemos venido reseñando, por ejemplo, si un representante legal de una E.P.S. se apropia o desvía recursos públicos parafiscales, la única forma de poderle imputar el delito de peculado ya sea por apropiación o por aplicación oficial diferente, sería a través de la figura del actuar por otro, pues la función pública de administrar los recursos públicos se encuentra en cabeza de la E.P.S., y no del representante legal que no tiene ninguna vinculación con el Estado. Tampoco podríamos imputarle peculado a un representante legal de una empresa constructora que se apropie de los recursos provenientes del anticipo, que les han sido entregados por el Estado para el desarrollo de una obra pública, si no fuera por la figura del actuar por otro, porque en estricto sentido, la empresa contratista y no su representante legal, es la que tiene la función de administrar los recursos del anticipo para la ejecución de la obra pública contratada. En ambos casos, las calidades que ostentan las empresas (E.P.S. y la empresa constructora) de ejercer funciones públicas –al administrar en ambos casos recursos públicos-, se les transfieren a sus representantes legales, permitiendo así, que se les pueda imputar el delito de peculado por apropiación o desviación de recursos públicos, y no el de abuso de confianza por apropiación de dineros de la empresa.

Sobre estos temas hay que hacer varias claridades, en primera instancia habría que demarcar dos clases de situaciones, la primera es cuando los recursos públicos se encuentran en administración de la persona jurídica, y no ingresan dentro del patrimonio de esta última. En esos casos, ante la apropiación o desvío de estos recursos públicos, se configura el delito de peculado. En la segunda, cuando los recursos ingresan al patrimonio de la persona jurídica particular, y estos, son apropiados o desviados a fines distintos, se puede presentar los delitos de abuso de confianza y hurto agravado por la confianza de acuerdo al caso, porque la naturaleza de los recursos deja de ser pública.

También se hace necesario diferenciar dos supuestos más, el primero es cuando los representantes legales o de hecho, de las personas jurídicas que administran recursos públicos participan en la apropiación o desvío de los recursos públicos junto con otros empleados, y el segundo, que es cuando son los empleados los que se apoderan de los recursos públicos que administra la persona jurídica privada, sin la participación de los representantes de derecho o de hecho.

En el primero de los casos, se puede configurar el delito de peculado, toda vez que por la figura del actuar por otro la calidad de servidor público que ostenta la persona jurídica se le transfiere a los representantes legales de derecho o de hecho, y existiendo un autor calificado, los demás que participen en la conducta, y que no tengan ni la calidad de representante, ni la calidad de funcionario público, podrán según el caso, ser procesados por la comisión del delito de peculado en calidad de determinadores, cómplices o intervinientes. En estos casos, la coautoría solo se presentaría entre personas que ostenten al tiempo la calidad de representante de hecho o de derecho de la persona jurídica, y a su vez tengan el dominio del hecho o dominio funcional. La determinación y la complicidad se configurarían entre personas que no tengan el dominio del hecho o el dominio funcional, y que determinen a otros a realizar el acto delictivo, o presten una colaboración al mismo. Serían intervinientes las personas que teniendo el dominio del hecho o el dominio funcional, no tengan ni la calidad e servidores públicos, ni la calidad de representantes ni de hecho ni de derecho de la persona jurídica. Esta posición contraviene lo dicho por la Corte Suprema de Justicia en la Sentencia del 25 de abril de 2002[222], donde se establecía que los funcionarios de una notaría responderían como servidores públicos por ejercer una función pública en colaboración con más personas y en división de trabajo. Sin embargo la postura se sustenta en los siguientes argumentos:

1) El peculado requiere que además de la calidad de servidor público, el sujeto activo tenga la tenencia, administración o custodia de los bienes, por tanto, un empleado que inicialmente no cumple con estas

---

[222] "Si el Notario es el depositario de la función de dar fe pública y si por la complejidad de tareas que debe desempeñar requiere de un equipo de colaboradores, es obvio que estos ejercen una función pública y si en desarrollo de la misma cometen delitos, responden naturalmente como servidores públicos."

funciones específicas, ni puede disponer ni material, ni jurídicamente de los recursos públicos que administra la empresa, no podría cumplir con las condiciones exigidas en el tipo penal de peculado para el sujeto activo.

2) Que en una empresa privada, la administración de los recursos se encuentra en cabeza de unas personas muy específicas, sobre todo tratándose de recursos públicos, por tanto, el círculo de quienes realmente disponen de los recursos públicos es muy reducido, así que la mayor parte de los empleados no tendrían las condiciones exigidas en el tipo penal, y por regla general se le atribuye por lo menos la disponibilidad material o jurídica al representante legal.

3) El conocimiento de tener bajo su administración recursos públicos es un factor muy importante, pues en muchas ocasiones las desviaciones de recursos se realiza contablemente y se da apariencia de legalidad a las transacciones que configuran una desviación de los recursos a otros fines. En igual sentido ocurre en los casos de apropiación, cuando contablemente se oculta el origen de los recursos. Los empleados de bajo cargo no tendrían acceso a esa información e ignorarían inicialmente el carácter de público de los recursos que se estarían apropiando o desviando, y por esta razón, se podrían presentar casos de error sobre la realización de un tipo más benigno[223].

---

[223] Artículo 32 C.P., inciso 10 establece lo siguiente:
10. Se obre con error invencible de que no concurre en su conducta un hecho constitutivo de la descripción típica o de que concurren los presupuestos objetivos de una causal que excluya la responsabilidad. Si el error fuere vencible la conducta será punible

4) Igualmente, hay que tener en cuenta que dada la complejidad contable de una operación que implique la apropiación o desviación de los recursos públicos, pueden existir maniobras fraudulentas tendientes a engañar a los empleados que custodian o administran los recursos, con lo cual, tendríamos que admitir la aplicación de la figura de la autoría mediata en ciertos casos, donde los empleados de todo orden pueden ser engañados o constreñidos. Lo cierto es, que en estos casos de autoría mediata, el hombre de atrás debe tener las calidades exigidas en el tipo de peculado para poder imputar este delito.
5) También, cuando lo que se hace es la sustracción de recursos de una empresa, a sabiendas de que el recurso es público, pero no se tiene la administración de los mismos, no se puede imputar peculado, sino un hurto calificado por "violando o superando seguridades electrónicas u otras semejantes."
6) Incluso, los empleados que tendrían a su cargo la administración, tenencia o custodia de los recursos públicos, podrían incurrir en el delito de abuso de confianza calificado, de acuerdo con los incisos 1 y 3 del artículo 250 del C.P.[224], toda vez, que el tipo penal

---

cuando la ley la hubiere previsto como culposa.
<u>Cuando el agente obre en un error sobre los elementos que posibilitarían un tipo penal más benigno, responderá por la realización del supuesto de hecho privilegiado.</u> (Subrayado por fuera del texto).
[224] Artículo 250. Abuso de confianza calificado. Las pena será prisión de tres (3) a seis (6) años, y multa de treinta (30) a quinientos (500) salarios mínimos legales mensuales vigentes si la conducta se cometiere:

describe de manera más completa y especial, la conducta punible de un particular que mediando un título no traslaticio de dominio, se apropie de bienes ya sea abusando de una función reconocida por autoridad pública, o de bienes del Estado recibidos a cualquier título. Lo cierto es que si el empleado de la empresa no tiene las funciones de representante de derecho o de derecho, por el principio de especialidad que se aplica para descartar los concursos de tipos, si el sujeto investigado tiene la administración de los bienes del Estado, se le debe imputar abuso de confianza calificado y no peculado.

Por lo anterior, en los casos en que son los empleados los que realizan los actos de apropiación y desviación, el tema no es tan claro, pues inicialmente no tendrían la calidad de funcionarios públicos, y tampoco tendrían la facultad de representar a la persona jurídica que tiene a su cargo los recursos, y si no participa alguna persona que tenga estas dos condiciones en el delito, no podría imputarse el delito de peculado. En cambio, las opciones que se deben manejar dependen de si el empleado tiene o no la función de administrar los recursos públicos al interior de la empresa privada, pues si no tiene la facultad, está realizando un acto de apoderamiento propio del hurto, pero si sí la tiene por

---

1. Abusando de funciones discernidas, reconocidas o confiadas por autoridad pública.
2. (...)
3. Modificado por el art. 33, Ley 1474 de 2011. Sobre bienes pertenecientes a empresas o instituciones en que el Estado tenga la totalidad o la mayor parte, o recibidos a cualquier título de éste.

delegación, estaría haciendo un acto de apropiación contenido en el delito de abuso de confianza calificado.

Sin embargo, las anteriores conclusiones pueden cambiar, si al empleado se le puede considerar como un representante de hecho, que es un concepto que amplía el espectro punitivo desde la figura de la autoría. Un representante de hecho, es aquel que no tiene un mandato escrito de su representado, pero que por sus actuaciones se puede concluir que actúa a su nombre y con su aprobación.

En el derecho comercial por ejemplo, existe una figura que es la del factor que actúa mediante un mandato denominado preposición, que le permite inicialmente "la administración de un establecimiento de comercio o de una parte o ramo de la actividad del mismo" (Art. 1332 del C. de Comercio)[225]. Se dice que la preposición deberá inscribirse en el registro mercantil para ser oponible a terceros, pero que igualmente, cualquier persona podrá probar su existencia con cualquier otro medio de prueba. También se menciona que el factor siempre deberá mencionar que actúa a nombre de su representado, y expresar en los documentos que suscriben que lo hacen "por poder", con ello, y actuando dentro de los límites de sus facultades inscritas en el registro mercantil, obligarán directamente a su representado, aunque violen las instrucciones recibidas, se apropien del resultado de las

---

[225] ARTÍCULO 1335. FACULTADES DE LOS FACTORES. Los factores podrán celebrar o ejecutar todos los actos relacionados con el giro ordinario de los negocios del establecimiento que administren, incluyendo las enajenaciones y gravámenes de los elementos del establecimiento que estén comprendidos dentro de dicho giro, en cuanto el preponente no les limite expresamente dichas facultades; la limitación deberá inscribirse en el registro mercantil, para que sea oponible a terceros.

negociaciones o incurran en abuso de confianza. Además se dice que a pesar de que el factor, no mencione que en un negocio actúa como tal, obligará a su poderdante cuando el acto jurídico que celebre, sea de aquellos que pertenecen al giro ordinario del establecimiento administrado y sea notoria la calidad de factor de la persona que obra[226]. De acuerdo con el concepto de factor, se trata de una persona que mediando un mandato, administra un establecimiento de comercio y que tiene, en el giro propio de los negocios amplias facultades para celebrar negocios jurídicos en nombre del mandante, incluso sin necesidad de que su mandato se encuentre inscrito en el registro mercantil, pues basta con que sus actuaciones le transmitan a la otra parte, la creencia racional de estar contratando con un apoderado del mandante.

Con la figura del factor, podemos encontrar un fundamento jurídico al concepto de administrador de hecho, de donde podríamos nuevamente transferirle las calidades de la persona jurídica poderdante, para nuevamente aplicar el delito de peculado, en los casos en que el representante de hecho, dentro de sus actuaciones se apropie o desvíe recursos públicos.

---

[226] ARTÍCULO 1337. ACTUACIONES DE LOS FACTORES EN NOMBRE PROPIO Y QUE OBLIGAN A LOS PREPONENTES. Aunque los factores obren en su propio nombre obligarán al preponente en los casos siguientes:
1) Cuando el acto o contrato corresponda al giro ordinario del establecimiento administrado y sea notoria la calidad del factor de la persona que obra, y
2) Cuando el resultado del negocio redunde en provecho del preponente, aunque no se reúnan las condiciones previstas en el ordinal anterior.

Ahora bien, en el caso del interviniente, en Colombia la Corte Suprema de Justicia Sala Penal ha considerado que es una figura aplicable a los casos de coautores que no tengan la calidad exigida en el tipo penal, pues los partícipes no requieren de ningún tipo de calificación, muy a pesar de que parte de la doctrina y jurisprudencia internacional exigen el reconocimiento de la rebaja del interviniente a los determinadores y cómplices que no tengan la calidad especial exigida en el tipo penal. De tal manera, la figura del interviniente se aplicaría de manera coherente con lo que anteriormente se dijo, en aquellos casos en que existen personas que dominando el hecho, no tengan la calidad ni de servidores públicos, ni de representantes de derecho o de hecho de una persona jurídica que ejerza una función pública, y que intervengan mediando una división de trabajo, en un acto típico de peculado, junto con un sujeto activo sí calificado.

Desde esta perspectiva se acoge la figura del interviniente, de acuerdo con el principio de la accesoriedad de la participación, esto es, que se requiere de la participación de un sujeto activo calificado en el acto, para que pueda existir interviniente. Es entonces la actuación del sujeto activo calificado lo que convierte la conducta en peculado, y es por ello, que sin su participación como autor o coautor de la conducta, no puede existir interviniente. Por lo anterior, tampoco existirá peculado y en consecuencia no se podría aplicar la figura del interviniente, cuando el sujeto calificado solo actúa como determinador o como cómplice.

Sobre este tema, se ha planteado la posibilidad por parte los profesores Alfonso Gómez y Carlos Arturo Gómez, que pueda presentarse un actuar por otro, en calidad de interviniente, para seguir reconociéndole al extraneus que actúa como representante del intraneus, una rebaja por no tener las calidades especiales exigidas en el tipo penal para hacer autor[227]. Pero ello en realidad es una contradicción, pues no parece convincente que primero se le traslade al extraneus la calidad especial exigida en el tipo penal, y luego se reconozca la rebaja del interviniente, donde en últimas se está aceptando que no es un intraneus.

LA RESPONSABILIDAD DEL SUPERIOR EN EL MANDO MILITAR.

En el derecho penal el principio de culpabilidad prohíbe tajantemente la responsabilidad objetiva[228], a la vez que impide otro tipo de responsabilidades que vulneran el principio de la responsabilidad individual (también derivado del principio de culpabilidad), como son la responsabilidad colectiva y la responsabilidad por el hecho ajeno. Sin embargo, la evolución de la sociedad y de la criminalidad en particular con la división de trabajo y la complejidad de las estructuras criminales, han cuestionado los antes límites

---

[227] GÓMEZ MÉNDEZ, Alfonso; GÓMEZ PAVAJEAU, Carlos Arturo. Ob. Cit. Pág. 97.
[228] Código Penal. Artículo 12. Culpabilidad. Sólo se podrá imponer penas por conductas realizadas con culpabilidad. Queda erradicada toda forma de responsabilidad objetiva.

infranqueables de la responsabilidad individual, y se han elaborado posturas necesarias para resolver problemas de impunidad al interior del derecho penal, como lo son la posición de garante y la coautoría –entre otras figuras como la autoría mediata en aparatos organizados de poder-.

Uno de los problemas que más suscita discusiones sobre el principio de culpabilidad y la necesidad de punición de conductas graves y reprochables, es la responsabilidad penal de los jefes en las estructuras militares. Como sabemos, una estructura militar está compuesta por un cuerpo armado conformado por muchos hombres dispuestos en una cadena de mando liderado por un alto jefe, y otros comandantes que ejercen también poder y mando sobre batallones, pelotones y escuadras de soldados. En estas estructuras, el poder de mando es una función asignada a una determinada persona[229], quien se apoya en una plana mayor, compuesta también por varios hombres que lo asesoran e informan sobre la planeación y ejecución de una operación militar, para que éste tome las decisiones. Sin embargo, la tropa también cuenta con un mando directo, quién la comanda directamente, pero que en todo caso, es el encargado de hacer cumplir las órdenes del superior[230].

---

[229] "El comandante es responsable del proceso militar para la toma de decisiones y es quien decide los procedimientos a seguir para cada situación particular." Manual de operaciones del Ejército colombiano.

[230] "El es el responsable por todo lo que el pelotón haga o deje de hacer. esto incluye el empleo táctico, entrenamiento, administración, manejo de personal y los aspectos logísticos de su pelotón.

hace esto por medio del planeamiento, toma de decisiones juiciosas, emisión de órdenes, asignación de tareas y supervisión de las actividades del pelotón. debe conocer los hombres bajo su mando y la mejor manera de emplearlos." Manual de operaciones del Ejército colombiano.

Así las cosas, existe una tropa con un jefe directo, que en todo caso tiene que obedecer las órdenes del superior, quien se encuentra en otro lugar, y que da las órdenes a distancia. Es precisamente sobre la responsabilidad de este superior donde el debate comienza, pues si bien, tiene poder sobre los soldados para ordenarles que ejecuten una misión, no ejecuta directamente la operación, ni se encuentra físicamente en la zona. La discusión inicia entonces en determinar si los hechos ilícitos realizados por un pelotón o una escuadra, generan la responsabilidad del superior. Es aquí en donde comienza la tensión sobre la responsabilidad objetiva, la responsabilidad colectiva, y sobre toda la responsabilidad por los hechos de otro, todas prohibidas por el principio de culpabilidad.

De acuerdo con el derecho penal vigente en Colombia (artículo 29 del C.P.[231]) existe un autor directo que es el aquel que realiza por sí mismo su propia conducta punible. Un autor indirecto que es el que usa a otro como instrumento para realizar su propia conducta punible. También existe un coautor, que es aquel que junto con otros, mediando acuerdo criminal y división de trabajo, realizan un aporte esencial en la

---

[231] Código Penal Artículo 29. Autores. Es autor quien realice la conducta punible por sí mismo o utilizando a otro como instrumento.

Son coautores los que, mediando un acuerdo común, actúan con división del trabajo criminal atendiendo la importancia del aporte.

También es autor quien actúa como miembro u órgano de representación autorizado o de hecho de una persona jurídica, de un ente colectivo sin tal atributo, o de una persona natural cuya representación voluntaria se detente, y realiza la conducta punible, aunque los elementos especiales que fundamentan la penalidad de la figura punible respectiva no concurran en él, pero sí en la persona o ente colectivo representado.

El autor en sus diversas modalidades incurrirá en la pena prevista para la conducta punible.

realización de la conducta punible, sin el cual no se podría realizar la misma o se transformaría en otra. Y son participes de una conducta punible (artículo 30 del C.P.[232]) en que instiga a otro a realizar una conducta punible, o quien hace un aporte o colabora con la realización de la conducta de otro, sin que con su aporte logre dominarla. También se contemplan otras modalidades de autoría y participación, como el actuar por otro y el interviniente, pero que para efectos de este artículo no es necesario desarrollarlos, sino simplemente enunciarlos.

La autoría y la participación son dispositivos amplificadores del tipo penal, que permiten endilgar responsabilidad penal a quienes habiendo participado en la conducta punible, no dominan el hecho, o no realizan directamente el verbo rector. Por lo anterior, es posible imputar responsabilidad también a quién sin estar en la escena de los hechos, realice un aporte determinante en una división de trabajo para la realización de la conducta punible.

De acuerdo con los presupuestos anteriores, un comandante puede ser un coautor de una conducta punible cuando planea una misión con su plana mayor, y da una orden para que un

---

[232] Artículo 30. Partícipes. Son partícipes el determinador y el cómplice.

Quien determine a otro a realizar la conducta antijurídica incurrirá en la pena prevista para la infracción.

Quien contribuya a la realización de la conducta antijurídica o preste una ayuda posterior, por concierto previo o concomitante a la misma, incurrirá en la pena prevista para la correspondiente infracción disminuida de una sexta parte a la mitad.

Al interviniente que no teniendo las calidades especiales exigidas en el tipo penal concurra en su realización, se le rebajará la pena en una cuarta parte.

batallón o una escuadra la ejecuten, porque sin su orden no podría ejecutarse la operación. Ahora bien, hay que aclarar que el comandante, el que tiene la función de mando responde cuando su orden es abiertamente ilegal, o vulnera las reglas del DIH y los manuales de operación del ejército, y cuando no se respetan los principios de distinción, precaución y proporcionalidad del DIH. También será responsable como coautor cuando la orden formal contenida en los papeles es legal, pero con ella, se busca ocultar otra que es abiertamente ilegal. En estos casos, es claro que quien da una orden ilegal que luego es ejecutada por la tropa, es responsable por las conductas punibles realizadas.

Sin embargo, existen casos en los que el superior no da una orden ilegal, pero los encargados de ejecutarla si realizan conductas punibles, desacatando las órdenes iniciales. En estos casos, la regla general es que al salirse del ámbito de las órdenes dadas por el superior, se rompe la cadena de mando, y son responsables sólo aquellos que la rompen, y por ello, no sería responsable el superior.

Sin embargo, a partir del caso Yamashita en que se dio en la Comisión Militar de los Estados Unidos de Norteamérica para crímenes internacionales en Tokio de 1945, la responsabilidad del superior ha tomado un desarrollo diferente en el derecho penal internacional, y se amplió, estableciendo una responsabilidad del superior cuando éste debió conocer que sus subalternos podrían estar realizando una o varias conductas punibles. En el caso Yamashita, se condenó a un General japonés a muerte, por las graves atrocidades cometidas por sus subalternos contra 700.000 personas civiles en Manila, durante la segunda Guerra Mundial. El Coronel alegó que las comunicaciones entre él y sus tropas habían sido interrumpidas, y que por ello no podía conocer lo que sus subalternos estaban realizando. Sin embargo, para la Comisión Militar, debido a la barbarie desplegada por el ejército japonés en contra de los civiles, la comisión de crímenes era un hecho objetivo imposible de ignorar o desconocer, por lo tanto, impuso la condena[233].

El caso Yamashita, excede los parámetros establecidos en el Código Penal colombiano sobre la omisión, especialmente el contenido del artículo 25[234], que establece que

---

[233] Comisión Militar de Estados Unidos de 1945. Sentencia del 7 de diciembre de 1945. También en: AMBOS, Kai. La responsabilidad del superior en el Derecho Internacional. Pág. 533, en la siguiente página web: file:///C:/Users/JORGE/Downloads/Dialnet-LaResponsabilidadDelSuperiorEnElDerechoPenalIntern-298290%20(2).pdf, consultada el 30 de octubre de 2017.

[234] Código Penal. Artículo 25. Acción y omisión. La conducta punible puede ser realizada por acción o por omisión.

Quien tuviere el deber jurídico de impedir un resultado perteneciente a una descripción típica y no lo llevare a cabo, estando en posibilidad de hacerlo, quedará sujeto a la pena contemplada en la respectiva norma penal. A tal efecto, se requiere que el agente tenga a su cargo la protección en concreto del bien jurídico protegido, o que se le haya encomendado como garante la vigilancia de una determinada fuente de riesgo, conforme a la Constitución o a la ley.

Son constitutivas de posiciones de garantía las siguientes situaciones:

1. Cuando se asuma voluntariamente la protección real de una persona o de una fuente de riesgo, dentro del propio ámbito de dominio.

2. Cuando exista una estrecha comunidad de vida entre personas.

3. Cuando se emprenda la realización de una actividad riesgosa por varias personas.

4. Cuando se haya creado precedentemente una situación antijurídica de riesgo próximo para el bien jurídico correspondiente.

responsabilidad por comisión por omisión, en la que un individuo con una posición de garante, se hace responsable cuando teniendo la posibilidad y capacidad de evitar un resultado contenido en un tipo penal, estando obligado a ello por la Ley y la Constitución, no realiza las actuaciones concretas para evitarlo, y por ello responde como si él mismo la hubiese realizado. Así las cosas, si un comandante militar, teniendo la capacidad y la potestad para anular dar una orden que en el campo de batalla para evitar la comisión de un crimen de guerra, y no lo hace, responde por el crimen de guerra realizado por sus subalternos, como si el mismo lo hubiese cometido.

En el derecho penal internacional especialmente en el artículo 28 del Estatuto de Roma[235], la responsabilidad del superior no

---

Parágrafo. Los numerales 1, 2, 3 y 4 sólo se tendrán en cuenta en relación con las conductas punibles delictuales que atenten contra la vida e integridad personal, la libertad individual, y la libertad y formación sexuales.

[235] Estatuto de Roma Artículo 28. Responsabilidad de los jefes y otros superiores Además de otras causales de responsabilidad penal de conformidad con el presente Estatuto por crímenes de la competencia de la Corte:

> a) El jefe militar o el que actúe efectivamente como jefe militar será penalmente responsable por los crímenes de la competencia de la Corte que hubieren sido cometidos por fuerzas bajo sumando y control efectivo, o su autoridad y control efectivo, según sea el caso, en razón de no haber ejercido un control apropiado sobre esas fuerzas cuando:
>
>> i) Hubiere sabido o, en razón de las circunstancias del momento, hubiere debido saber que las

se restringe a su capacidad o potestad para evitar el resultado, sino que se amplía a no haber realizado el control efectivo, y no haber reprimido a los responsables de un

> fuerzas estaban cometiendo esos crímenes o se proponían cometerlos; y
>
> ii) No hubiere adoptado todas las medidas necesarias y razonables a su alcance para prevenir o reprimir su comisión o para poner el asunto en conocimiento de las autoridades competentes a los efectos de su investigación y enjuiciamiento.
>
> b) En lo que respecta a las relaciones entre superior y subordinado distintas de las señaladas en el apartado a), el superior será penalmente responsable por los crímenes de la competencia de la Corte que hubieren sido cometidos por subordinados bajo su autoridad y control efectivo, en razón de no haber ejercido un control apropiado sobre esos subordinados, cuando:
>
> i) Hubiere tenido conocimiento o deliberadamente hubiere hecho caso omiso de información que indicase claramente que los subordinados estaban cometiendo esos crímenes o se proponían cometerlos;
>
> ii) Los crímenes guardaren relación con actividades bajo su responsabilidad y control efectivo; y
>
> iii) No hubiere adoptado todas las medidas necesarias y razonables a su alcance para prevenir o reprimir su comisión o para poner el asunto en conocimiento de las autoridades competentes a los efectos de su investigación y enjuiciamiento."

crimen internacional, o colocar los hechos en conocimientos de las autoridades competentes para su investigación y juzgamiento.

Igualmente, en el derecho penal internacional se plantea la responsabilidad penal del superior que, hubiese sabido o hubiere debido saber que sus subordinados estaban cometiendo crímenes internacionales y no tomó las medidas necesarias para evitarlo o reprimirlo, por lo tanto, no se trata de un conocimiento efectivo, sino de un conocimiento potencial, que se puede trasladar desde un dolo eventual a una culpa consciente (Arts. 22 y 23 del C.P.), según las circunstancias.

La estructura del citado artículo 28 del Estatuto de Roma es muy particular, pues se entiende que es criterio de configuración de responsabilidad, pero a su vez, consagra la responsabilidad por falta de control efectivo y por falta de represión del superior, es decir, no contempla solo la responsabilidad por omisión de control, sino la responsabilidad por actos de encubrimiento, favorecimiento y omisión de denuncia.

Igualmente, el artículo 28 del Estatuto, plantea una diferencia en la imputación subjetiva, pues permite que se dé la responsabilidad por culpa en los casos en que el superior ha debido saber, y no se limita al conocimiento efectivo que es el requisito del dolo.

Ahora bien, también cabe aclarar, que la responsabilidad del superior consagrada en el artículo 28 del Estatuto de Roma, es una responsabilidad por comisión por omisión a título de autoría accesoria, ya sea culposa o dolosa, es decir, si existe acuerdo previo y división de trabajo, el aporte omisivo deberá ser valorado como una coautoría o como una participación omisiva en el respectivo crimen realizado por los subalternos, según el caso, pero no puede ser considerada como una comisión por omisión pura cuya naturaleza es la de una autoría accesoria, en la que no confluyen ni el plan de autor, ni la división de trabajo[236].

La responsabilidad del superior, se encuentra sustentada por los artículos 86 y 87 del Protocolo I de los Convenios de Ginebra, que establecen las obligaciones de las partes contratantes (Estados) de tener un mando responsable sobre los ejércitos, capaz de impedir o reprimir las infracciones a dichos Convenios[237].

---

[236] ABELLO GUAL, Jorge Arturo. El delito de peculado. Discusiones actuales. Leyer. 2016. Págs.123-133; ABELLO GUAL, Jorge Arturo. Derecho Penal empresarial. Leyer. 2015. Pags. 49- 54.

[237] Artículo 86 - Omisiones
1. Las Altas Partes contratantes y las Partes en conflicto deberán reprimir las infracciones graves y adoptar las medidas necesarias para hacer que cesen todas las demás infracciones de los Convenios y del presente Protocolo que resulten del incumplimiento de un deber de actuar.
2. El hecho de que la infracción de los Convenios o del presente Protocolo haya sido cometida por un subordinado no exime de responsabilidad penal o disciplinaria, según el caso, a sus superiores, si éstos sabían o poseían información que les permitiera concluir, en las circunstancias del momento, que ese subordinado estaba cometiendo o iba a cometer tal infracción y si no tomaron todas las medidas factibles que estuvieran a su alcance para impedir o reprimir esa infracción.

Artículo 87 - Deberes de los jefes
1. Las Altas Partes contratantes y las Partes en conflicto exigirán que los jefes militares, en cuanto se refiere a los miembros de las fuerzas armadas que están a sus órdenes y a las demás personas que se encuentren bajo su autoridad, impidan las infracciones de los Convenios y del presente Protocolo y, en caso contrario, las repriman y denuncien a las autoridades competentes.
2. Con el fin de impedir y reprimir las infracciones, las Altas Partes contratantes y las Partes en conflicto exigirán que los jefes, según su grado de responsabilidad, tomen medidas para que los miembro de las

Estas obligaciones inicialmente dirigidas a los Estados que firman el Protocolo, se trasladan como una obligación necesaria que deben realizar los jefes militares y civiles sobre sus subordinados, y se plantean como criterios de imputación objetiva (Incremento del riesgo) para establecer las obligaciones propias de un superior frente a las actuaciones de sus subordinados, como por ejemplo, no tomar las medidas para impedir las infracciones a los Convenios de Ginebra.

Los artículos 86 y 86 del Protocolo I de Ginebra, y ahora el artículo 28 del Estatuto de Roma, son las fuentes del criterio de imputación que permiten establecer primero, una posición de garante, y segundo el deber de los jefes militares y civiles de control y vigilancia de las actuaciones de sus subordinados.

Es de aclarar que la responsabilidad del superior consagrada en el artículo 28 del Estatuto de Roma, para autores como Kai Ambos[238], es una responsabilidad subsidiaria de la responsabilidad principal por los hechos realizados por los subordinados. Según el profesor Kai Ambos, la responsabilidad del superior se puede presentar en los siguientes eventos:

---

fuerzas armadas bajo sus órdenes tengan conocimiento de las obligaciones que les incumben en virtud de lo dispuesto en los Convenios y en el presente Protocolo.
3. Las Altas Partes contratantes y las Partes en conflicto obligarán a todo jefe que tenga conocimiento de que sus subordinados u otras personas bajo su autoridad van a cometer o han cometido una infracción de los Convenios o del presente Protocolo a que se tome las medidas necesarias para impedir tales violaciones de los Convenios o del presente Protocolo y, en caso necesario, promueva una acción disciplinaria o penal contra los autores de las violaciones.
[238] AMBOS, Kai. La responsabilidad del superior en el derecho penal internacional. Op. Cit. Pág. 565-567

a) Cuando se da una orden ilegal por parte del superior y se realizan crímenes internacionales. Evento en el cual también se incluye, cuando en los papeles la orden es legal, que esconde una orden ilegal.
b) Cuando se produce una contribución omisiva por parte del superior a un plan criminal. En estos eventos, se plantea la complicidad que es una figura que permite imputar responsabilidad al superior, en los eventos en que su contribución ya no sea activa, sino pasiva.
c) La responsabilidad del superior del artículo 28 del Estatuto de Roma, que se prevé como una responsabilidad subsidiaria, cuando las pruebas no permitan establecer la participación activa o pasiva de los superiores en los hechos realizados por los subordinados. Debido a ello, la responsabilidad se transforma por falta de control y vigilancia, o supervisión y represión, cuando sabía o debía saber que se estaban realizando crímenes de competencia de la Corte Penal Internacional.

También aclaró el profesor Ambos, que la responsabilidad por comisión por omisión en el Estatuto de Roma para los crímenes internacionales no había sido contemplada por la oposición que hizo Francia, por considerar que esta figura de la comisión por omisión transgrede el principio de legalidad[239]. Por esta razón, el artículo 28 del Estatuto de Roma no se puede considerar como un crimen de comisión por omisión, en el que se le imputa a un jefe los actos de su subordinado como si el mismo lo hubiere realizado, sino que la responsabilidad surge luego de la comisión del crimen por el subordinado, se valora si el jefe pudo prevenir o reprimir a sus

---

[239] Ob. Cit. Pág. 564.

subordinados, con lo que conocía o debió conocer de los hechos[240].

DEBATE EN COLOMBIA SOBRE LA RESPONSABILIDAD PENAL DEL SUPERIOR.

El artículo 24 del Acto Legislativo 01 de 2017, contiene una disposición que consagra la responsabilidad penal del mando, que es la siguiente:

> Artículo transitorio 24°. Responsabilidad del mando. Para la determinación de la responsabilidad del mando, la Jurisdicción Especial para la Paz aplicará, en el caso de los miembros de la Fuerza Pública, el Código Penal colombiano, el Derecho Internacional Humanitario como ley especial, y las reglas operacionales de la Fuerza Pública en relación con el DIH siempre que ellas no sean contrarias a la normatividad legal.
>
> La determinación de la responsabilidad del mando no podrá fundarse exclusivamente en el rango, la jerarquía o el ámbito de jurisdicción. La responsabilidad de los miembros de la Fuerza Pública por los actos de sus subordinados deberá fundarse en el control efectivo de la respectiva conducta, en el conocimiento basado en la información a su disposición antes, durante, o después de la realización de la respectiva conducta, así como en los medios a su alcance para prevenir que se cometa o se siga cometiendo la conducta punible, siempre y cuando las condiciones fácticas lo permitan, y de haber ocurrido, promover las investigaciones procedentes.

---

[240] Ob. Cit. Pág. 565.

Se entenderá que existe mando y control efectivo del superior militar o policial sobre los actos de sus subordinados, cuando se demuestren las siguientes condiciones concurrentes:

a. Que la conducta o las conductas punibles hayan sido cometidas dentro del área de responsabilidad asignada a la unidad bajo su mando según el nivel correspondiente y que tengan relación con actividades bajo su responsabilidad;

b. Que el superior tenga la capacidad legal y material de emitir órdenes, de modificarlas o de hacerlas cumplir;

c. Que el superior tenga la capacidad efectiva de desarrollar y ejecutar operaciones dentro del área donde se cometieron los hechos punibles, conforme al nivel de mando correspondiente; y

d. Que el superior tenga la capacidad material y directa de tomar las medidas adecuadas para evitar o reprimir la conducta o las conductas punibles de sus subordinados, siempre y cuando haya de su parte conocimiento actual o actualizable de su comisión.

La Corte Constitucional de Colombia, le solicitó a la Fiscal de la Corte Penal Internacional una opinión sobre dicho texto legal, sobre lo cual, la Fiscal mencionó las siguientes críticas en el escrito que dirigió a la Corte Constitucional[241]:

---

[241] CORTE PENAL INTERNACIONAL. Escrito de Amicus Curiae de la Fiscal de la Corte Penal Internacional sobre la Jurisdicción Especial para la Paz. 18 de Octubre de 2017. RPZ-0000001 y RPZ-003.

1) Dentro de las normas aplicables a la responsabilidad penal del mando, no incluyó al Estatuto de Roma, que está vigente, y que Colombia incluyó su texto al orden jurídico interno.
2) Que hace relación sólo a la fuerza pública, dejando de lado las estructuras jerárquicas de las Farc, y los jefes civiles, y otras formas de mando no militar, que en efecto son aplicables cuando se realizan crímenes internacionales. Esta particularidad preocupa a la Fiscal de la Corte Penal Internacional, pues genera zonas de impunidad para aquellos que ejerciendo otras clases de mando, especialmente de tipo material y no jurídico, puedan verse beneficiados por el texto legal.
3) El concepto de control efectivo, restringe el ámbito de responsabilidad penal, toda vez que en el ámbito del derecho penal internacional, la responsabilidad del superior, implica el no haber tomado las medidas necesarias para prevenir o reprimir los crímenes, de acuerdo al conocimiento que tenía o debía tener el superior. Y como se dijo anteriormente, la imputación subjetiva, en el derecho penal internacional, no solo se limita a actuaciones dolosas, sino a actuaciones altamente imprudentes. Lo cual, se encuentra en contradicción con un conocimiento efecto, actual o actualizable, puesto que la responsabilidad del superior también abarca hechos cometidos con imprudencia grave.
4) Por último, también se manifestó la preocupación por circunscribir la responsabilidad del superior desde el punto de vista territorial, porque desde el punto de vista del derecho penal internacional, el mando no se circunscribe a un territorio, sino al ejercicio material del

mando, generando un amplio espacio de impunidad en situaciones, en las que el jefe ejerce el mando efectivo sobre una tropa, que no se encontraba dentro del área o jurisdicción de competencia, citando el caso Bemba, en el que ejerció control efectivo de una tropa en el territorio de otro país[242].

---

[242] "La responsabilidad de mando con arreglo al Estatuto de Roma es aplicable cuando un comandante tiene "bajo su mando y control efectivo" subordinados que cometieron los delitos. En ese sentido, no se requiere que el comandante en cuestión ejerciera control efectivo sobre la propia conducta delictiva. La pregunta de si un comandante ejercía mando o control efectivo se responde simplemente con preguntarse si el superior tenía capacidad material de prevenir o castigar los delitos cometidos por sus subordinados.

Igualmente, no es preciso demostrar para todos los casos de responsabilidad de mando otro tipo de consideraciones, como si el delito se cometió en la zona de responsabilidad del superior o si este tenía capacidad para dictar órdenes y para preparar y llevar a cabo operaciones en la zona precisa en que se cometieron los actos punibles. De hecho, se declaró al señor Bemba Gombo culpable de delitos cometidos por sus subordinados 'fuera' de su zona de responsabilidad porque, a pesar de ello, ejercía control efectivo sobre sus tropas que operaban en la República Centroafricana y tenía conocimiento de la comisión de los delitos.

En cuanto al requisito de conocimiento, de conformidad con la definición del Estatuto de Roma la responsabilidad del comandante pasaría a activarse en los casos en que este haya tenido conocimiento actual de los delitos de sus subordinados o haya debido saber de ellos. Dicho de otro modo, podrá enjuiciarse a un comandante si tiene a su disposición información que le hubiera puesto sobre aviso de los delitos, pero también en caso de que no hubiera hecho uso de los medios que tenía a su disposición para tomar conocimiento de los delitos.

Por último, debe entenderse bien que la obligación de adoptar todas las medidas necesarias y razonables para prevenir o castigar la comisión de un delito no se limita únicamente a los comandantes directos. Cuando un comandante de rango superior no adopta ese tipo de medidas sobre la base de información que tiene a su disposición, su responsabilidad penal también se activa. REVISTA SEMANA. El acuerdo de paz de Colombia demanda respeto, pero también responsabilidad. 21 de Octubre de 2017.

ANALISIS DEL PROBLEMA Y CONCLUSIONES.

Frente a la responsabilidad penal del superior, es claro que en Colombia se han venido presentando casos muy relevantes como son el del Coronel Plazas Vegas en el caso del Palacio de Justicia, y el caso del Coronel Uscategui del caso de Mapiripan. En efecto, estos dos Coroneles han sido procesados por graves violaciones a los derechos humanos cometidos por sus subordinados, en actuaciones en las cuales ellos no estuvieron presentes.

Con el artículo 24 del Acto Legislativo 001 de 2017, se buscó dar límites a la responsabilidad penal del superior en Colombia, tratando de incluir nuevos límites a la responsabilidad por comisión por omisión contenida en el artículo 25 del Código Penal, planteando como criterio principal el control efectivo.

Al redactar la norma que fue pensada en los jefes de la fuerza pública, excluyó a los jefes civiles y los jefes de las Farc, lo cual es un grave error, pues en materia penal no es posible aplicar analogía, y la problemática es que la norma contenida en un Acto Legislativo, en jerarquía modifica y tiene aplicación preferente frente al resto de normas penales, no así frente al Estatuto de Roma, el cual hace parte del Bloque de Constitucionalidad. Aclarando claro está, que al momento de la incorporación del Estatuto al ordenamiento jurídico interno, la Corte Constitucional si dijo que la diferencias de trato que contemplaba el Estatuto de Roma, frente a las garantías Constitucionales contenidas en la Constitución y las normas

En la siguiente página web: http://www.semana.com/nacion/articulo/deseo-corte-penal-internacional-justicia-transicional-en-colombia/512820, consultada el 30 de Octubre de 2017.

penales, solo se aplicarían dentro del marco de la competencia de la Corte Penal Internacional. A pesar de lo anterior, cuando nos encontramos frente a la comisión de crímenes internacionales de competencia de la Corte Penal Internacional, la Jurisdicción Especial para la Paz, tendría competencia para aplicar todo el Bloque de Constitucionalidad incluido el Estatuto de Roma, por lo tanto, muy a pesar de los esfuerzos realizados en el acto Legislativo 001 de 2017, el Estatuto de Roma, por lo menos en el caso de la responsabilidad penal internacional del superior, podrá aplicarse partiendo del hecho, de que el artículo 24 del acto Legislativo 001 de 2017 no fue bien redactado y como dijo la Fiscal de la Corte Penal Internacional, genera muchas lagunas de impunidad contrarias a los criterios jurídicos, que sobre esta materia, ya ha venido desarrollando la jurisprudencia internacional.

Realmente considero que por el afán de limitar la responsabilidad por comisión por omisión contenida en el artículo 25 del Código penal, por medio del cual se produjo la sentencia del Coronel Uscategui, se redactó el artículo 24 del acto Legislativo 001 de 2017, para limitar la responsabilidad del garante, que en estos casos son los comandantes, con el criterio del mando efectivo que es un criterio admitido en la doctrina internacional, pero no tuvieron en cuenta que la responsabilidad penal del superior en el Estatuto de Roma, no solo se analiza desde el punto de vista doloso, sino también desde el punto de vista culposo, y ello es un problema para el derecho penal colombiano, pues el artículo 25 está diseñado para imputar responsabilidad penal del delito cometido por otro, al garante que debiendo evitarlo no lo hizo, y se asimila como si él mismo lo hubiere realizado, el problema con ello, es que si los soldados de un batallón realizan un homicidio en persona protegida que es esencialmente doloso, no es posible imputarle un homicidio en persona protegida culposo al superior porque dicha conducta no se encuentra consagrada en la modalidad culposa. Lo que sí es posible en el Derecho Penal Internacional con el artículo 28 del Estatuto de Roma, porque se plantea que la responsabilidad es por no prevenir o reprimir los crímenes realizados por los subordinados, pero no se hace la equivalencia de imputarle al superior los crímenes de sus subordinados como si él mismo los hubiere cometido, que es algo que sí hace el artículo 25 del Código Penal colombiano. Ahora bien, la opción que tiene el derecho penal colombiano, es imputarle por la vía del artículo 25 del Código Penal colombiano, un homicidio culposo a un general por infringir el deber objetivo de cuidado en el control y vigilancia de la tropa, si sus subordinados realizan un homicidio en persona protegida, con lo cual, se rompe la unidad de imputación, y se debe romper también la unidad procesal pues no es lo mismo juzgar a una persona por un homicidio culposo y a otras por un homicidio doloso, y porque al superior deben juzgarlo como un autor accesorio, y a los miembros de la tropa como coautores.

Por último, cabe precisar que el artículo 25 del Código Penal colombiano no genera responsabilidad por omisión de denuncia, ni por encubrimiento o favorecimiento, lo que sí hace el artículo 28 del Estatuto de Roma, que dispone la responsabilidad del superior por no prevenir o reprimir los crímenes internacionales de competencia de la Corte Penal Internacional. Así las cosas, el artículo 28 del Estatuto de Roma, no solo es una norma de la parte general de un código penal, sino que es a su vez una norma de la parte especial.

Así las cosas, la responsabilidad de un superior que no haya tenido la capacidad emitir órdenes para evitar o prevenir un crimen de guerra, pero que luego de los hechos, no denunció los hechos, no puede ser responsable por vía del artículo 25 del C.P., como garante, pues a falta de capacidad de evitar los hechos no podría haber imputación. En cambio, el superior sí puede ser imputado por las conductas de encubrimiento, favorecimiento (artículo 446 del C.P.) y omisión de denuncia de servidor público (Art. 417 del C.P.).

AUTORÍA Y PARTICIPACIÓN EN LOS DELITOS SEXUALES.

CASO DE LA VIOLACIÓN DE LA NIÑA INDIGENA POR SOLDADOS DEL EJERCITO COLOMBIANO

CONSIDERACIONES CRIMINOLÓGICAS PREVIAS.

Uno de los casos más tristes y con más divulgación en la opinión pública y jurídica colombiana, fue el de la violación de una niña de 13 años de edad, por parte de un grupo de 7 soldados del ejército colombiano. En resumen, los hechos fueron los siguientes:

> "A la menor la vieron andar el domingo por la comunidad Santa Teresa, muy cerca del corregimiento Santa Cecilia. Caminó y corrió con los otros niños del lugar. Al mediodía se bañaron en el río San Juan,

jugaron a las sirenitas y luego ella subió a su casa, un pequeño rancho de tablas sin puertas ni ventanas. Su hermana Felicinda la envió a recoger unas guayabas para comer en la tarde, y se fue sola. No tenía nada que temer si nunca había pasado nada. La niña se alejó del centro poblado para conseguir los mejores frutos. En el camino se encontró con sus verdugos.

Los hombres vieron a la tímida niña de origen indígena como una presa. Se la llevaron aún más lejos, a un lugar donde decidieron doblegarla violentamente. Le arrancaron la ropa y, uno a uno, la violaron. La tendieron en el piso, le taparon la boca para ahogar sus gritos, la sometieron a la fuerza y, en medio de un delirio brutal, arruinaron su vida. Solo un soldado se abstuvo de violarla, pero tampoco se opuso. Solo observó.

Mientras tanto la familia, al advertir la tardanza, se inquietó. Empezaron a llamarla con gritos desde la casa, esperaban que la niña volviera pronto. Pero cayó la noche y nada; decidieron salir a buscarla. Le preguntaron a algunos vecinos y recorrieron el sector próximo a la casa. En particular, la hermana mayor y la mamá de la niña, una mujer enferma y sin esposo, intuyeron que no era una pilatuna sino que algo malo estaba pasando. No obstante, su búsqueda no dio frutos a pesar de que duró hasta las tres de la mañana. Al día siguiente, desde muy temprano, retomaron la búsqueda. Fueron hasta algunas veredas todavía más apartadas e hicieron correr la voz de que la niña había desaparecido. Toda su comunidad embera entró en alerta.

"A ella le temblaba todo el cuerpecito y no paraba de llorar. Yo pensé que tenía frío, porque esa agua es helada y ella estaba mojada"

La familia asegura que incluso el lunes por la mañana, al buscar a la menor, se toparon con un grupo militares y que estos dijeron que habían visto a una niña por ahí el día anterior. Nada más. Finalmente, hacia las diez de la mañana, la pequeña apareció. Su familia la encontró en shock, llorando junto a una quebrada. La llevaron a la casa y, tras calmarla un poco, empezó a relatar cómo la había violado un grupo de soldados del Ejército.

Los siete militares la mantuvieron 15 horas retenida en la selva y solo la dejaron ir tras advertirle que no podía contar nada de lo sucedido. Pero la niña no solo dio cuenta del crimen, sino que cuando su hermana le preguntó si podría reconocer a los soldados, dijo que sí. Entonces decidieron ir hasta la base militar para enfrentarlos. Allí la niña, efectivamente, identificó y señaló al menos a tres de los responsables. La familia lanzó insultos contra el Ejército en medio de una escena de lágrimas, impotencia e indignación.

Los soldados regulares Luis Fernando Mangareth Hernández, Deyson Andrés Isaza Zapata, Óscar Eduardo Gil Alzate, Juan David Guaidi Ruiz, José Luis Holguín Pérez, Yair Steven González y Juan Camilo Morales Poveda, todos entre los 18 y 21 años, dieron un paso al frente. A tres de ellos ya los había reconocido la menor.

Las autoridades condujeron a los siete ante un juez y fueron acusados de acceso carnal abusivo contra menor de 14 años. A seis militares los imputaron como autores, y al séptimo, en calidad de testigo.

Todos los militares implicados se declararon culpables y no presentaron recurso alguno. Eso los puso ante una sentencia condenatoria que puede llegar hasta 30 años. A pesar de la prontitud y contundencia con que procedió la Fiscalía, hay un gran debate jurídico, pues importantes penalistas salieron a señalar que los soldados debieron ser acusados de acceso carnal violento y no de acceso carnal abusivo. Al respecto, el fiscal Francisco Barbosa señaló que se trata de "un matiz que no tiene relevancia desde el punto de vista del castigo, que va a ser de 16 a 30 años por parte de esos soldados. En menos de 72 horas se practicaron más de 40 actividades investigativas que fueron determinantes para poner en evidencia a los siete soldados. No vamos a ceder un ápice en la defensa de los derechos humanos de nuestros niños".

La Fiscalía solicitó enviar a los soldados a la cárcel, pero su abogado señaló que, como el caso tenía connotación nacional y había despertado una gran indignación, los responsables corrían peligro en una prisión ordinaria. El juez entonces decidió que mientras dicta sentencia, los soldados estarán presos en una guarnición militar."[243]

---

[243] REVISTA SEMANA. COLOMBIA. ¡Qué dolor! La violación de la niña embera de 11 años tiene indignado al país. SEMANA visitó el resguardo donde ocurrió el crimen y habló en exclusiva con el comandante que denunció a los soldados que abusaron de la menor. 6/28/2020, en la siguiente página web: https://www.semana.com/nacion/articulo/violacion-de-nina-embera-la-historia-del-crimen-y-habla-comandante-que-denuncio/682623/ consultada el 21 de Octubre de 2020

En primera instancia se presenta la indignación nacional por un hecho de abuso sexual a una niña, una menor de 14 años y sobre este punto, las altas cifras de abuso sexual de menores que se han venido presentado en Colombia, son sin duda un tema alarmante y que se muestra las siguientes cifras:

> "La directora del ICBF señala que 62.042 menores de edad (44 por ciento hombres y 56 por ciento mujeres) tienen medidas de protección impuestas mientras se hace el respectivo restablecimiento de derechos.
>
> "Estos casos se empiezan a desagregar en los diferentes tipos de vulneración. El componente de violencia física, sexual y psicológica es el 38 por ciento de esos 62.000. Por negligencia o abandono, 24.000; por trabajo infantil 3 por ciento y la categoría 'otros' -en la que está la trata de personas, el reclutamiento y el desplazamiento- es cerca del 35 por ciento", dice Arbeláez."
>
> "Según el Instituto de Medicina Legal y Ciencias Forenses, entre enero y mayo de 2020 se han practicado **7.544 exámenes médicos legales por presunto delito sexual** que representan el 43,49 por ciento de las lesiones no fatales en el país. De estos, **6.479 fueron realizados a menores de edad** que se desagregan de la siguiente forma:
>
> **Edad:** 0-4 años: 744 exámenes 5-9 años: 1.749 exámenes 10-14 años: 3.001 exámenes 15- 17 años: 985 exámenes."[244]

---

[244] REVISTA SEMANA. Colombia. Abuso sexual de niños y niñas en Colombia: cifras de este grave delito. 6/25/2020 en la siguiente página

Como podemos ver, se reportan 6479 casos de investigaciones de abusos a menores de edad, y no podemos concluir que estás sean las cifras reales, pues como se dice, existe una cifra negra u oculta, de casos que no se reportan, y entre ellos, los casos más complicados, que son aquellos en los que el violador es del mismo núcleo familiar, como también lo hacen notar las cifras:

> "...según cifras del Instituto de Medicina Legal y Ciencias Forenses de los 7.544 exámenes médicos legales realizados por presunto delito sexual, a corte de mayo de 2020, 3.457 presuntos agresores son familiares de la víctima (mayor o menor de edad); mientras que 16 pertenecen a las Fuerzas Armadas, la policía, policía judicial o a los servicios de inteligencia."[245]

En definitiva, las estadísticas son bastante graves, pues como se deja ver, más del 40% de las agresiones provienen de los familiares, y ello, genera una necesidad de trabajar con las culturas familiares en las que se reproducen ambientes propensos a la violación de los menores de edad, en los que definitivamente se presentan problemas psicológicos y culturas de violación que se transmiten de generación a generación, y se normalizan, donde el agresor se acerca a su víctima, se gana su confianza primero a través del buen trato y regalos, para luego lograr un acto sexual con la víctima, y luego de ello, viene el chantaje, la manipulación y la extorsión para lograr la impunidad de su conducta, y tener a la víctima bajo su control.

---

web: https://www.semana.com/nacion/articulo/abuso-sexual-en-colombia-2020-cifras-de-medicina-legal-icbf-y-procuraduria/682120/ consultada el 20 de octubre de 2020
[245] Ibíd.

De las cifras tampoco deja de preocupar los casos en los que se encuentran involucrados miembros de las fuerzas armadas, porque como bien lo señala Adriana Herrera Beltrán, Procuradora para la defensa de los derechos de la infancia y la adolescencia, refiriéndose al caso de la niña indígena violada por los 7 soldados:

> "Son unas personas que en teoría lo que tienen que hacer es proteger los derechos de todos y no puede pasar que comentan este tipo de actos que claramente vulneran y truncan el proceso de vida a una niña de 13 años."[246]

Como se puede ver en el caso, cuando se encuentran miembros de las fuerzas armadas involucradas en un delito de estos, se presenta el miedo de las víctimas de que los victimarios las amedranten con amenazas, por ejemplo en el caso de la niña embera, los familiares sintieron temor por las represalias que pudieron tomar los soldados en su contra, pero aún así denunciaron[247] gracias al apoyo de la comunidad.

Precisamente, esta es una de las razones que motivan la impunidad de estos casos, y es sentir que los victimarios son personal armado, autoridades públicas, o son miembros de una institución como el ejercito cuya imagen puede verse seriamente afectada, y que van a buscar por muchos medios evitar un escándalo y acallar a las víctimas, como ocurre en los casos de abusos sexuales donde se encuentra vinculado un sacerdote o pastor religioso.

---

[246] Entrevista contendida en el REVISTA SEMANA ob.cit.
[247] También sintieron temor. "Ellos saben quiénes somos y dónde vivimos, nos pueden hacer cosas...", dijo a SEMANA la hermana de la niña. En REVISTA SEMANA. COLOMBIA. ¡Qué dolor! La violación de la niña embera de 11 años tiene indignado al país. Ob. Cit.

Otro de los puntos importantes que hay que mencionar en los casos de violaciones por parte de los miembros de los cuerpos armados, policías, ejercito, naval, aviación, es tratar de justificar los casos de las violaciones, como una consecuencia de su aislamiento sexual por razones del servicio, lo cual, hace pensar que "los pobres soldados o marines", aislados por meses sin tener contacto sexual, terminan violando porque sucumben a sus impulsos sexuales reprimidos. NO podemos admitir que se debe tolerar la violación de una mujer, de una niña o de un hombre, como un mal necesario para mantener una tropa en pie de guerra. La violación o la agresión sexual no es un trofeo para los guerreros, ni puede justificarse ni por su vida en sacrificio al servicio militar, ni por sus grandes logros en la lucha contra sus enemigos. Estos conceptos traídos de otras épocas en los que no existía el Derecho Internacional Humanitario de por medio, permiten la creación de subculturas en los ejércitos, donde los superiores violan a sus subalternos o subalternas, para satisfacer sus deseos sexuales, luego de días de campaña; o que una tropa se sienta con derecho de violar a mujeres o niñas de una comunidad porque no han tenido relaciones sexuales en días, y la gente de la comunidad debe entender o tolerarlos, por todos los sacrificios que ellos hacen por la patria. Cuando estos actos se toleran y se ocultan, hacen que se promuevan y se multipliquen, porque el violador que sienta que no le pasa nada si viola, no se detiene y sigue violando, y lleva a otros a cometer el delito, contando su experiencia y garantizando que no les va a pasar nada.

Por otra parte también, se genera la agresión a una comunidad indígena, hecho que también genera ruptura y desconfianza entre la sociedad y la comunidad indígena a la que de conformidad con la Constitución multicultural tienen un reconocimiento especial, y se les garantiza una autonomía y jurisdicción especial. Sobre la agresión a la menor, las autoridades indígenas reaccionaron de la siguiente manera:

> "La guardia bloqueó los accesos al resguardo para impedir el regreso de las tropas. "Las niñas y mujeres están atemorizadas. No quieren ver a ningún grupo armado, porque ya pusieron nuestras vidas en peligro. Ya no se sienten seguros como anteriormente, sino que hay una sensación de que se irrespetó a una menor y a toda la comunidad", dice Juan de Dios.
>
> La cultura de los emberas chamí es disciplinada y hermética. Se deben a las órdenes de su gobernador, jefe máximo de la comunidad, y de la guardia indígena. En las comunidades no hablan español sino kativo, su lengua tradicional. Las casas no tienen puertas ni ventanas, porque entre la comunidad no hay qué temer y nada que ocultar. No permiten la mezcla de etnias, es decir, las mujeres y los hombres solo deben buscar pareja en el resguardo.
>
> Por eso lo ocurrido con los militares no solo violentó a una niña, sino a una comunidad entera. "Nosotros estamos dispuestos a llegar hasta las últimas consecuencias para defender la autonomía de nuestros territorios. Los militares rompieron la confianza que les teníamos y eso no se va a remediar jamás", subraya el gobernador Juan de Dios."[248]

---

[248] Ob. Cit.

Sin embargo, está claro que en las comunidades indígenas también se presentan casos de violaciones, y de culturas ancestrales donde propician la venta de niñas, las utilizan como objetos transaccionales, y someten a las mujeres a matrimonios obligados o serviles, y su libertad sexual también se ve fuertemente afectada por estas prácticas violatorias de los derechos humanos, de lo cual también advierte la procuradora Herrera Beltrán:

> "el tema no es normativo" y que "valdría la pena trabajar desde la idea de que las mujeres son objetos de deseo, complacientes, que las niñas se pueden vender o comprar, que no se reconocen hombres y mujeres con la misma dignidad humana cuando esa debería ser la base para poder concluir estas violencias"[249].

Igualmente, las cifras de violaciones de víctimas de comunidades étnicas también arrojan resultados, sin descartar que no todos los casos se denuncian, pues como se mencionó, existen algunas costumbres en contra del derecho, que tienden normalizar las violaciones y a tratarlas como hechos legales cuando no lo son:

> "Las mujeres siguen siendo las víctimas más recurrentes del abuso sexual sin distinguir edad. Y al revisar más a fondo, la población indígena y negra de la nación suma un porcentaje importante en los registros, luego de los casos denunciados donde no hay distinción étnica: **151 indígenas (136 mujeres y 15 hombres), así como 183 negros (166 mujeres y 17 hombres).**

---

[249] REVISTA SEMANA. Colombia. Abuso sexual de niños y niñas en Colombia: cifras de este grave delito ob.cit.

En efecto, ponerle precio en dinero o en especie a una niña para acceder a ella, o para que se entregue en un matrimonio servil, es una trata de personas[250], pues es tratar a un ser humano como un objeto sin derechos, desconociendo su dignidad humana, y es más grave, cuando el acto contrario a los derechos humanos de la mujer lo realiza un miembro de la familia.

Por último, cabe mencionar las cifras de los delitos así como se vieron son muy altas, y que sin duda esto genera una reacción por parte la sociedad que le exige a las autoridades medidas para que estos hechos no se repitan, sin embargo, la gran problemática de estos temas, además de ser un patrón cultural bastante preocupante, pues como se dijo, la mayor parte de violaciones se presentan entre los miembros de la familia, y otras, se encuentran culturalmente arraigadas en las costumbres contrarias a derecho, los problemas se pretenden solucionar a partir del aumento de las penas a los violadores,

---

[250] ARTÍCULO 188-A del Código Penal Colombiano. TRATA DE PERSONAS. <Artículo modificado por el artículo 3 de la Ley 985 de 2005. El nuevo texto es el siguiente:> El que capte, traslade, acoja o reciba a una persona, dentro del territorio nacional o hacia el exterior, con fines de explotación, incurrirá en prisión de trece (13) a veintitrés (23) años y una multa de ochocientos (800) a mil quinientos (1.500) salarios mínimos legales mensuales vigentes.

Para efectos de este artículo se entenderá por explotación el obtener provecho económico o cualquier otro beneficio para sí o para otra persona, mediante la explotación de la prostitución ajena u otras formas de explotación sexual, los trabajos o servicios forzados, la esclavitud o las prácticas análogas a la esclavitud, la servidumbre, la explotación de la mendicidad ajena, el matrimonio servil, la extracción de órganos, el turismo sexual u otras formas de explotación.

El consentimiento dado por la víctima a cualquier forma de explotación definida en este artículo no constituirá causal de exoneración de la responsabilidad penal.

y de propuestas como la cadena perpetua para los violadores de menores, sin entender, que el mayor problema de la violación es la impunidad, pues si a un violador no se le captura al momento en que realiza su primer delito, y si siente que si lo vuelve a hacer lo le va a pasar nada, pues va reincidir tantas veces como el sistema judicial se lo permita, por ello, es supremamente importante analizar que el problema no es tanto la pena, sino la impunidad como se verá en las siguientes cifras:

> "Lina María Arbeláez señala que casi la totalidad de casos que registra el ICBF siguen sin ser resueltos. El sistema judicial colombiano no da a basto con los procesos y cada vez que llega una denuncia pueden pasar meses antes de que un fiscal o juez revise los pormenores del hecho. La Procuraduría también maneja cifras similares. En un estudio realizado por la entidad, entre enero de 2017 y agosto de 2018, se encontró que el 90 por ciento (65.430) de los delitos sexuales estaban en fase de indagación; solo el 1,2 por ciento en ejecución de penas; 5,7 por ciento en juicio y 2,5 por ciento en investigación.
>
> La reacción tardía del sistema en cada uno de estos procesos es la razón por la que no se pueden cruzar los datos sobre exámenes de presunto abuso sexual de Medicina Legal con las cifras de cuántos de esos casos conllevaron efectivamente a una sanción por un delito de violencia sexual contra niños, niñas y adolescentes.
>
> Exámenes médicos legales por presunto delito sexual según la ciudad en 2020
>
> - Bogotá: 1.435 casos

- Cali: 244 casos
- Medellín: 224 casos
- Barranquilla: 154 casos
- Cartagena: 150 casos
- Pereira: 142 casos"[251]

Así las cosas, la mejor forma de combatir los delitos sexuales es garantizar la eficiencia en la investigación y juzgamiento de los violadores, para evitar que reincidan impunemente en sus prácticas, y se envié un mensaje de rechazo de ese patrón de conductas, que permita su prevención a través de la sanción jurídica que disuada y neutralice a los violadores, pues de nada sirve promulgar leyes que castiguen con la cadena perpetua a los violadores, si todos siguen en las calles haciendo de las suyas, y si los capturan, terminan libres por vencimiento de términos en los procesos judiciales, por negligencia en los desarrollos de los procesos.

Antes de garantizar una pena extensa, un estado debe garantizar que toda persona que viole a otra, será procesado y judicializado en el menor tiempo posible, y una vez condenado, tendrá un tratamiento carcelario necesario, que garantice, que si el individuo sale de prisión algún día, salga mejor de lo que entró, porque ese es otro de los problemas en este tipo de delitos, pues ingresan personas a la cárcel ya sea por una detención preventiva o por una condena, y aparentemente se soluciona el peligro que representa para la

[251] REVISTA SEMANA. Colombia. Abuso sexual de niños y niñas en Colombia: cifras de este grave delito ob.cit.

sociedad a través de la reclusión en centro carcelario, pero si esta persona, sale por cumplimiento de la condena, o por vencimiento de términos, sin tener un tratamiento penitenciario dirigido a su resocialización o rehabilitación, al momento de retornar a la sociedad seguirá representando el mismo peligro o incluso mayor, de cuando ingresó al centro carcelario.

De acuerdo con los tratados de derechos humanos, el fin de la pena es la resocialización del individuo, pero en los casos de violadores, no hay tratamiento psicológico que garantice que un violador no volverá a cometer dicha conducta, por lo cual, en estos casos, las teorías de la pena entran en crisis, sin embargo, es un riesgo con que corremos en las sociedades modernas, así como es pretender que ningún conductor maneje un vehículo en estado de embriaguez. El problema con ello, es garantizar que todo el que cometa dicha conducta sea efectivamente sancionado, y que luego reciba un tratamiento rehabilitante que le permita abstenerse en un futuro de cometer la misma conducta. Pero como se ha visto en las cifras en Colombia, los violadores tienen un alto campo de impunidad, y fuera de eso, las condiciones de las cárceles en el país, no garantizan un tratamiento que promueva su rehabilitación al momento en que recobren la libertad.

TEMAS DOGMÁTICOS Y JURÍDICOS DE LA VIOLACIÓN A LA NIÑA EMBERA.

En primera instancia, la Fiscalía presentó acusación a los siete soldados, seis de ellos por acceso carnal abusivo con menor de 14 años, y a uno que se abstuvo de acceder a la víctima, en calidad de cómplice de la conducta.

El código penal colombiano consagra el delito de acceso abusivo en menor de 14 años de la siguiente forma:

> ARTICULO 207. ACCESO CARNAL O ACTO SEXUAL EN PERSONA PUESTA EN INCAPACIDAD DE RESISTIR. <Artículo modificado por el artículo 3 de la Ley 1236 de 2008. El nuevo texto es el siguiente:> El que realice acceso carnal con persona a la cual haya puesto en incapacidad de resistir o en estado de inconsciencia, o en condiciones de inferioridad síquica que le impidan comprender la relación sexual o dar su consentimiento, incurrirá en prisión de doce (12) a veinte (20) años.
>
> Si se ejecuta acto sexual diverso del acceso carnal, la pena será de ocho (8) a dieciséis (16) años.

El problema con esta imputación jurídica, es que este delito se encuentra consagrado para proteger la libertad sexual de los menores de 14 años, bajo la consigna de que éstos, NO pueden consentir una relación sexual, creándose así una presunción que no admite prueba en contrario. Es decir, si un menor de 14 años, acepta tener una relación sexual con otra persona, ante el derecho, siempre se entenderá que no hubo consentimiento.

En el caso de la niña indígena de 13 años de edad, fue sorprendida, sometida a la fuerza por los soldados, y violada por 6 de ellos, no hay la menor posibilidad de que ésta haya dado su consentimiento, por lo que se evidencia una clara situación de violencia, favorecida a su vez por la contextura y el número de sus victimarios. Debido a lo anterior, la tipificación más acertada de la conducta de los soldados era un acceso carnal violento:

> ARTICULO 205. ACCESO CARNAL VIOLENTO. <Artículo modificado por el artículo 1 de la Ley 1236 de 2008. El nuevo texto es el siguiente:> El que realice acceso carnal con otra persona mediante violencia, incurrirá en prisión de doce (12) a veinte (20) años.

Incluso, el concepto de violencia se encuentran consagrado en el Código Penal Colombiano, en el artículo 212A de la siguiente forma:

> ARTÍCULO 212A. VIOLENCIA. <Artículo adicionado por el artículo 11 de la Ley 1719 de 2014. El nuevo texto es el siguiente:> Para los efectos de las conductas descritas en los capítulos anteriores, se entenderá por violencia: el uso de la fuerza; la amenaza del uso de la fuerza; la coacción física o psicológica, como la causada por el temor a la violencia, la intimidación; la detención ilegal; la opresión psicológica; el abuso de poder; la utilización de entornos de coacción y circunstancias

similares que impidan a la víctima dar su libre consentimiento.

Aquí incluso, habla de entornos de coacción y circunstancias similares que impidan a la víctima dar su libre consentimiento, lo que ocurre es que incluso la víctima, en este caso la menor, fue sometida y privada de su libertad por un tiempo prolongado, que utilizaron los soldados para abusar de ella, lo cual también configuraría un delito de secuestro simple[252].

En todo caso, sobre el tema viene una discusión dogmática proveniente de los casos de "Las Manadas" en España, que son conductas de violación realizadas por varios hombres en contra de una mujer, y que han proliferado por todo el país, luego de todo el escándalo que produjo el primer caso público. El caso que dio origen al nombre de manadas ocurrió en una fiesta de San Fermín en Galicia (España), y se denominó "La Manada de Pamplona" donde un grupo de soldados también, sometieron a una mujer que departía con ellos en las fiestas, y la jalaron a un pórtico, donde la desnudaron, la violaron y filmaron todo lo que hicieron con ella. En este caso, se concentró el debate en determinar si la mujer había dado o no su consentimiento, pues para el Ministerio Fiscal la mujer se encontraba en un entorno de coacción, y que se paralizó asumiendo una posición sumisa para no ser golpeada por sus victimarios, y para la defensa, la

---

[252] ARTICULO 168. SECUESTRO SIMPLE. <Artículo modificado por el artículo 1 de la Ley 733 de 2002. Penas aumentadas por el artículo 14 de la Ley 890 de 2004, a partir del 1o. de enero de 2005. El nuevo texto con las penas aumentadas es el siguiente:> El que con propósitos distintos a los previstos en el artículo siguiente, arrebate, sustraiga, retenga u oculte a una persona, incurrirá en prisión de ciento noventa y dos (192) a trescientos sesenta (360) meses y multa de ochocientos (800) a mil quinientos(1500) salarios mínimos legales mensuales vigentes.

mujer no se resistió, no gritó ni se opuso a las varias relaciones sexuales a las que tuvo lugar con varios de los participantes. Al final, el Tribunal Supremo definió que sí había violencia, y que el grado de intimidación en que se encontraba la mujer en esas circunstancias, sometió su voluntad ante el miedo que sus victimarios le producían.

Pero el tema dogmático más relevante, tuvo que ver con el concurso de delitos y su imputación. El caso de la Manada de Pamplona, el Tribunal Superior Español por una deficiencia en la imputación hecha por parte del Ministerio Fiscal, imputó la conducta de violencia sexual, como un delito continuado. Ello generó que cada imputado respondiera por una sola conducta de violación, aumentando la pena por la agravación del delito continuado. Es decir, según esta tesis, cada violador realizó una conducta, que consistía en acceder en grupo a una mujer en varios actos, que en últimas, conformaban parte de una sola acción.

Luego en otro caso denominado como la manada de arandina, se planteó otra tesis, donde en efecto, varios hombres abusaron de una menor, y la sentencia, condenó a cada uno por el acceso que realizó, y como cooperador necesario de la conducta de sus compañeros. Es decir, ya no se tomó cada violación como una parte de un solo acto, sino cada violación como un acto separado, aumentando significativamente la pena, a los violadores, pues en vez de responder por un solo acto, se les condenó por cada violación sufrida por la víctima, es decir, si tres personas violaron a una mujer, cada victimario respondería por el delito de violación que realizó, pero además, respondería como cómplice de la violación del segundo individuo, y también como cómplice de la violación del tercero, es decir, se le imputarían tres hecho, y no uno solo.

En Colombia, el artículo 211 del Código Penal, resuelve la controversia con una circunstancia de agravación de la siguiente forma:

> ARTICULO 211. CIRCUNSTANCIAS DE AGRAVACION PUNITIVA. <Artículo modificado por el artículo 7 de la Ley 1236 de 2008. El nuevo texto es el siguiente:> Las penas para los delitos descritos en los artículos anteriores, se aumentarán de una tercera parte a la mitad, cuando:
>
> 1. La conducta se cometiere con el concurso de otra u otras personas.

En este sentido, el Legislador Colombiano aparentemente plantea, que si existe una violación en la que concursen varias personas, la pena de la conducta se aumenta en una porción determinada. En todo caso a esta consagración contenida en la parte especial del Código Penal colombiano, que aparentemente resuelve la imputación jurídica, en caso de violación de una persona realizada por varias, tiene varias observaciones de tipo dogmáticas de la parte general:

> Cuando se trata de delitos sexuales, ellos se entienden que son delitos de propia mano, y no admiten la coautoría, por lo que si existe una violación de varias personas de forma intercalada o donde existe intercambio con la víctima, la imputación correcta, implicaría que quién accede a la víctima sería un autor, y el que colabora sería un cómplice, y al realizar el intercambio, el autor, se convierte en cómplice y el cómplice en autor. La segunda posibilidad en

estas circunstancias, es que la autoría absorba la complicidad, es decir, que se aplique un principio de consunción, donde la conducta más grave absorbe la menos grave, y en esos casos, si una persona actúa como autor y como cómplice de una conducta, se le imputará la más grave, es decir, la de autor. Pero para ello, se requiere que se hable de un solo hecho y no de dos, es decir, que se entienda que una violación realizada por varias personas a una sola víctima, se entienda como una sola violación dividida en varios actos.

Para poder convertir el acto violación en uno solo, se requiere hablar de un delito continuado, y el delito continuado no se aplica en bienes jurídicos personalísimos, es decir, la vida, la integridad personal y la libertad sexual, y por esta razón, en la dogmática, si varias personas violan a otra, no hay una sola violación, sino hay tantas violaciones como sujetos que hayan realizado la conducta.

Desde el punto de vista de la comisión por omisión, si tres personas colocan a otra en una situación de indefensión, ya sea por violencia o suministrando licor o drogas para accederla carnalmente, esa es una situación antijurídica previa que coloca a todos los participantes en una posición de garante, y que los haría responsables de cada violación que ellos cometieran por acción, pero los haría responsables por cada violación no evitada, como autores por comisión por omisión.

La fórmula adoptada por el legislador colombiano, a pesar de tener estás críticas desde el punto de vista dogmático, si plantea una solución para evitar la prohibición de la doble incriminación, pues se podría decir que se está sancionando varias veces la misma conducta, y permitiría la racionalización de la condena, simplificando el debate de una tasación de la pena en una agravación, y no de una construcción dogmática compleja por vía de los concursos de conductas punibles, o de la comisión por omisión.

CONCLUSIÓN.

Como se mencionó anteriormente, el verdadero efecto preventivo del delito de violación, debe ser la efectividad en la investigación, captura y judicialización de los delincuentes, más que en un mero acto legislativo de aumentar las penas. Es incluso más eficaz un sistema que garantice la menor impunidad de los delitos, con penas no tan extensas, que un sistema que promueva la impunidad, pero que haga alarde de penas perpetuas.

Por otra parte, hay que avanzar en los programas de tratamiento y rehabilitación penitenciario para los violadores, pues al recobrar su libertad (ya sea por vencimiento de términos o por cumplimiento de la condena) sin tratamiento, hay menos garantías de que no vuelvan a delinquir.

LA POSICIÓN DE GARANTE EN LOS DELITOS SEXUALES

El artículo 25 del Código penal prevé que todos los delitos pueden cometerse por acción o por omisión. Y cuando se trata de una omisión impropia o una comisión por omisión, el autor debe tener el deber jurídico de impedir un resultado contenido en un tipo penal, y tener la posibilidad de evitarlo, cuando de conformidad con la ley tenga a su cargo la protección de un bien jurídico o la vigilancia de una fuente de riesgo.

También contempla 4 posiciones de garante:

> 1. Cuando se asuma voluntariamente la protección real de una persona o de una fuente de riesgo, dentro del propio ámbito de dominio.
>
> 2. Cuando exista una estrecha comunidad de vida entre personas.
>
> 3. Cuando se emprenda la realización de una actividad riesgosa por varias personas.
>
> 4. Cuando se haya creado precedentemente una situación antijurídica de riesgo próximo para el bien jurídico correspondiente.

Estas posiciones de garante, según la norma citada son aplicables en los delitos contra la libertad y formación sexual.

El anterior artículo abre la posibilidad de que ciertas personas que no realicen el acto de acceder carnalmente a otra persona o acto sexual diverso al acceso carnal, puedan responder como si lo hubieran hecho, cuando teniendo la posibilidad de evitar que se cometiera el hecho no lo hubiesen hecho.

A partir de lo anterior, si una madre o padre, abuelo o abuela, o familiar con el cual la victima tenga una estrecha comunidad de vida, permite que accedan carnalmente a su hijo, nieto o familiar, teniendo la posibilidad de evitarlo, respondería como autor por comisión por omisión de un delito de acceso carnal, y ello por al configurarse la posición de garante de la estrecha comunidad de vida.

Igualmente, si una autoridad pública, o un miembro de la fuerza pública que tiene la obligación de proteger la vida, honra y bienes de los ciudadanos, presencia cómo un depravado accede carnalmente a una persona, y teniendo la posibilidad de evitarlo no lo hace, también respondería como autor de un acceso carnal violento por comisión por omisión, y ello ocurriría al configurarse la posición de garante de la protección de un bien jurídico de conformidad con la ley, o la asunción voluntaria de la protección de un bien jurídico, en el momento en que aceptó la posesión del cargo público y todos los deberes que de este se derivan.

En igual sentido si un profesor o profesora descubre que un compañero profesor o que otro estudiante, ha drogado a una estudiante para accederlo, aprovechando su estado de indefensión, y teniendo la posibilidad de evitarlo no lo hace, también respondería como autor de un acceso carnal violento por comisión por omisión, al configurarse la posición de garantía de la asunción voluntaria de la protección de un bien jurídico, al aceptar el cargo de profesor y tener que velar por la protección de los estudiantes del centro de educación.

En los casos en que familiares y amigos, de personas que se encuentran en estado de embriaguez o alguna sustancia o droga, y que se encuentre en evidente estado de indefensión, y que teniendo la posibilidad, no evitara que otro amigo o familiar acceda carnalmente a la persona que se encuentra en tal estado, también respondería como autor por comisión por omisión de acceso carnal en persona puesta en incapacidad de resistir, cuando se configure las causales de estrecha comunidad de vida, o asunción voluntaria de la protección de un bien jurídico.

El carcelero que conoce que varios reclusos van a violar a un recluso, y a pesar de tener la posibilidad de evitarlo, no lo hace, respondería como autor por comisión por omisión de un acceso carnal violento, por haber asumido voluntariamente la protección de un bien jurídico, como lo sería la vida e integridad física de los internos de la prisión, al momento de aceptar el cargo como guardián.

El guardia de seguridad, el médico de turno o las enfermeras de turno que conozcan que un médico o enfermero va a acceder carnalmente a una paciente en estado de coma o en estado de indefensión por algún medicamento sedante, y teniendo la posibilidad de evitarlo no lo hicieran, también responderían como autor de un acceso carnal por comisión por omisión, si se configura la posición de garante de la asunción voluntaria de la protección de un bien jurídico. Igualmente pasaría con los médicos, guardias de seguridad y enfermeras de un centro psiquiátrico, cuando pudiesen conocer que, a un paciente con trastorno mental, va a ser accedido carnalmente por otro paciente, médico o funcionario del establecimiento psiquiátrico.

Si el capitán, general o coronel, llevan a su tropa a una operación militar, y evidencian que uno de sus soldados va a violar a una mujer de la población civil, y teniendo la posibilidad de evitarlo no lo hace, respondería ese jefe militar como autor de un delito de acceso carnal violento por comisión por omisión, al configurarse la posición de garante de la vigilancia de una fuente de riesgo que es la tropa de conformidad con la Ley, o la asunción voluntaria de la vigilancia de una fuente de riesgo. Igual ocurriría con un jefe de un grupo al margen de la Ley con organización jerárquica.

Si un grupo de asaltantes ingresa a un establecimiento de comercio, o a una casa, y retienen a las personas que se encuentra en el sitio, para realizar un hurto, y en determinado momento uno de los asaltantes decide violar a una mujer que está retenida, y los otros observan la escena, sin hacer nada, o apoyando al compañero, responderían como autores por comisión por omisión, del delito de acceso carnal violento, al configurarse la posición de garante de la creación de un riesgo jurídico precedente para el bien jurídico.

Así por ejemplo si una abuela, constriñe a su nieta mayor de edad, que depende de ella económicamente, para que tenga relaciones con un hombre, y la abuela cobra por los servicios de la menor, y la ofrece a varios conocidos, encontramos, un constreñimiento a la prostitución por un lado, y por el otro, la posición de garante de estrecha comunidad vida, y en la cual se podría imputar el delito de acceso carnal violento por comisión por omisión, habiendo la posibilidad de solo imputar el delito de acceso carnal violento arguyendo, que este delito por el principio de consunción absorbiendo el delito menos grave como lo es el constreñimiento a la prostitución.

Otro ejemplo, es de aquel padre que coacciona a la empleada de servicio para que su hijo la acceda carnalmente, se presentará un acceso carnal violento por comisión por omisión, si se realiza una coacción relacionada con no pagarle parte o la totalidad del sueldo, de suspender otros beneficios como la alimentación, el vestuario u otra forma de coacción, que configuraría la posición de garante de la creación de riesgo antijurídico previo. Ahora bien, si el hijo es menor de 14 años, habría un doble delito, pues estaríamos ante un acceso carnal violento de la empleada por comisión por omisión, pero a su vez, respecto del hijo, se configuraría un acceso carnal abusivo en menor de 14 años, por comisión por omisión, configurándose una posición de garante, por estrecha comunidad de vida. En este caso, como sabemos los menores de 14 años no podrían consentir una relación sexual, y si el padre del hijo propicia la relación sexual, e induce a su hijo, y constriñe a la empleada, estaría violando el derecho de libertad sexual de ambos. Además, el padre actuaría como autor mediato de la empleada, al anularle a través de coacción su voluntad, por lo que la empleada sería un mero instrumento y quedaría exonerada de responsabilidad.

EL CASO DEL SAFARI DEL SEXO EN CARTAGENA.

En el caso conocido como el safari del sexo, en el que una red de trata de personas en Cartagena, secuestraba mujeres jóvenes, las drogaban, y las llevaban para una finca, donde convocaban a extranjeros para realizar una cacería que consistía, en soltar a las menores drogadas por una finca, para que los extranjeros las cazaran, luego las violaban, y luego de ello, no volvían a aparecer[253]. El hecho fue descrito por una testigo de la siguiente forma:

Alma" explicó que el aberrante "negocio", denominado el "Tour de la Violación", es dirigido por ciudadanos israelíes que contactan a menores de edad y a jóvenes de 18 años a las que les ofrecen ganar dinero ejerciendo la prostitución. "Les dicen que van a estar concentradas en una casa a la que llegarán los clientes y una vez allí les informan que los clientes están en una finca".

La testigo manifestó que las preparan durante el día para la "cacería". "Les dan mucha marihuana; esta hierba da mucha hambre y sed, pero a ellas no les dan comida solo agua y en el agua les echan una droga que sirve para estimular el apetito sexual en los animales. Ellas ignoran que el agua contiene esa sustancia. Cuando ya están fuera de control empieza la persecución al mejor estilo de un safari".

La mujer precisó que son entre cinco o diez jovencitas perseguidas por un número de hombres que hasta las pueden triplicar en cantidad. "Cuando alcanzan una la violan entre varios; les hacen de todo y ellas no saben nada porque están fuera de sí por causa de la droga que les han suministrado durante todo el día. la 'caza' se hace durante la madrugada".

Al ser preguntada por lo que pasa luego con las jóvenes y cuestionada de que en Cartagena no se conociese el caso de niñas desaparecidas, la mujer

---

[253] En EL DIARIO UNIVERSAL. Hacen grave denuncia sobre un "Tour de la Violación" en cercanías a Cartagena. En la siguiente página web: https://www.eluniversal.com.co/sucesos/hacen-grave-denuncia-sobre-un-tour-de-la-violacion-en-cercanias-cartagena-273725-NCEU388522, consultado el 12 de Noviembre de 2020.

respondió: "Lo que sucede es que la persona que es conocida es la que se busca, pero al que nadie conoce, nadie lo busca".

"Alma" expresó que se atrevía a hacer la denuncia para poner en alerta a las autoridades y a las jóvenes que se "someten" a trabajar como prostitutas, pero que no hacía una denuncia formal por miedo. "Cuando una joven se somete a ser prostituta es porque le falta algo, necesita dinero para su familia, no es para ser violada ni para que le den droga sin su consentimiento", aseveró[254].

En estos casos, además de configurarse un delito de secuestro, se presenta una trata de personas, y al configurarse una posición de garante, de una situación antijuridica precedente para el bien jurídico, por el secuestro y la trata de personas, responderían por las violaciones sexuales por comisión por omisión, además de actuar en coautoría de los delitos de homicidio o desaparición forzada, dependiendo si se encuentra o no los cuerpos de las víctimas.

---

[254] Ibíd.

BIBLIOGRAFIA

ABELLO GUAL, Jorge Arturo. El abuso de confianza y el peculado en la responsabilidad penal empresarial: la responsabilidad penal por administración de fondos parafiscales en las E.P.S. en Colombia. Revista Prolegómenos Derechos y Valores. Vol XIII. Julio-Diciembre de 2010. Págs. 267-284.

ABELLO GUAL, Jorge Arturo. El abuso de confianza y el hurto agravado por la confianza en la responsabilidad penal empresarial en Colombia. Revista Prolegómenos Derechos y Valores. Vol XIII. Enero Junio de 2010. Págs. 181-200.

ABELLO GUAL. Jorge Arturo. Derecho Penal empresarial. Leyer. Bogotá. 2015.

ARBOLEDA VALLEJO, Mario; RUIZ SALAZAR, José Armando. Manual de derecho penal partes general y especial. décima edición. Editorial Leyer. 2013.

ABRALES, Sandro. Delito imprudente y principio de confianza. Colección autores de derecho penal. Rubinzal-culzoni editores. Buenos Aires. 2010.

BACIGALUPO, Enrique. Posición de garante en el ejercicio de funciones de vigilancia en el ámbito empresarial. Curso de Derecho Penal Económico. Segunda Edición. Madrid: Marcial Pons, Ediciones jurídicas y sociales S.A. Madrid- Barcelona. 2005.

BATISTA GONZÁLEZ, María Paz. La responsabilidad Penal de los órganos de la empresa. Curso de Derecho Penal Económico. Segunda Edición. Madrid: Marcial Pons, Ediciones jurídicas y sociales S.A. Madrid – Barcelona. 2005.

BERRUEZO Rafael; RODRÍGUEZ Juan María; et al. Derecho Penal Económico. B d F. Buenos Aires. 2010.

BUSTOS RAMIREZ, Juan; HORMAZABAL MALAREE, Hernán. Lecciones de derecho penal. Trota. Madrid. 2006.

CANCINO MORENO, Antonio. El peculado. Temis. Bogotá. 1983.

CEREZO MIR. Derecho Penal. B de F. Buenos Aires. 2008.

CERVINI, Raúl; ADRIASOLA, Gabriel. Derecho penal de la empresa desde una visión garantista. B d F. Buenos Aires.2005.

CORCOY BIDASOLO. El delito imprudente. Segunda Edición. B de F. Buenos Aires. 2008.

CUELLO CONTRERAS, Joaquín. El Derecho Penal Español parte general. Vol. II. Dikinson. Madrid. 2009.

DEL CASTILLO CODES, Enrique. La imprudencia: autoría y participación. Monografías de Derecho Penal No. 10. Dykinson. Madrid. 2007.

DE OLIVEIRA MONTEIRO, Luciana. La autoría mediata en los delitos imprudentes. Tirant lo Blanch. Valencia. 2013.

DIAZ Y GARCÍA CONLLEDO, Miguel. La autoría en el derecho penal. Leyer. Bogotá. 2009.

DIAZ Y GARCIA CONLLEDO, La autoría en el derecho penal. PPU. 1991.

FARALDO CABANA, Patricia. Delitos societarios. Tirant lo Blanch. Valencia. 1996.

FERNANDEZ BAUTISTA, Silvia. El administrador de hecho y de derecho. Tirant lo Blanch. Monografías 519. Valencia. 2007.

FERNANDEZ CARRASQUILLA. Juan. Derecho Penal Parte General. Teoría del Delito y de la Penal. Vol 2. Bogotá. 2012.

FERRE OLIVE, Juan Carlos; NUÑEZ PAZ, Miguel Angel; RAMIREZ BARBOSA, Paula Andrea. Derecho Penal colombiano parte general. Editorial Ibáñez. Bogotá. 2010.

FERREIRA DELGADO, Francisco José. Derecho Penal Especial. Tomo II. Temis. Bogotá. 2006.

FEIJOO SANCHEZ, Bernardo. Derecho penal de la empresa e imputación objetiva. Cámara de Comercio de Madrid. Madrid. 2007.

FEIJOO SANCHEZ, Bernardo. Cuestiones actuales de derecho penal económico. Bdf editores. Buenos Aires. 2009.

FERNANDEZ CARRASQUILLA. Juan. Derecho Penal Parte General. Teoría del Delito y de la Penal. Vol 2. Bogotá. 2012.

FERRE OLIVE, Juan Carlos; NUÑEZ PAZ, Miguel Angel; RAMIREZ BARBOSA, Paula Andrea. Derecho Penal colombiano parte general. Editorial Ibáñez. Bogotá. 2010.

FIGUEROA FONSECA, Lida Consuelo. El interviniente en el derecho penal. Editorial Ibáñez. Bogotá. 2014.

FIGALGO Sonia. Responsabilidad Penal por ejercicio de la medicina en equipo. Coimbra Editora. Coimbra. 2008.

GIMBERNAT ORDEIG. Enrique. Estudios sobre el delito de omisión. Segunda edición. Editorial Bdf. Maestros de derecho Penal No. 4. Buenos Aires.2013.

GOMEZ RIVERO, María del Carmen. La responsabilidad penal del médico. tirant lo Blanch. Valencia 2003.

GOMEZ MENDEZ, Alfonso; GOMEZ PAVAJEAU, Carlos Arturo. Delitos contra la administración pública. Universidad Externado. Tercera Edición. Bogotá. 2008.

JACKOBS, Gunther. Derecho Penal. Segunda edición. Marcial Pons. Madrid. 2007.

JACKOBS, Gunther. Imputación objetiva en el derecho penal. Universidad Externado de Colombia. Bogotá. 1998.

JESCHECK, Hans-Heinrich. Tratado de Derecho Penal parte general. Quinta edición. Comares. Granada. 2002.

MARTINEZ-BUJAN PÉREZ, Carlos. Derecho Penal Económico y de la Empresa. Tercera Edición. Tirand lo Blanch. Valencia. 2011.

MEINI, Iván. (2005) Problemas de autoría y participación en la criminalidad estatal organizada. En Nuevo Foro Penal. No 68. Medellín. Julio – Diciembre 2005. Págs.345-347.

LOPEZ DIAZ, Claudia. Introducción a la imputación objetiva. Universidad Externado de Colombia. Bogotá. 1996.

MIR PUIG. Santiago. Derecho penal parte general. Octava edición. Editorial Reppertor. Barcelona. 2010.

MIR PUIG, Santiago. Derecho Penal parte general. Quinta edición. Tec foto. 1998.

PORTILLA CONTRERAS. Guillermo. "Complicidad omisiva de garantes en delitos comisivos". En estudios penales en Homenaje a Enrique Gimbernat. Editorial: Edisofer. Madrid. 2008. Págs 1519- 1542.

REYES ALVARADO, Yesid. Imputación objetiva. Temis. Tercera edición. Bogotá. 2007.

RODRIGUEZ VÁSQUEZ, Virgilio. Responsabilidad penal en el ejercicio de actividades médico-sanitarias. Colección derecho. Fundación Rafael del Pino. Marcial Pons. Madrid-Barcelona-Buenos Aires-Sao Paulo. 2012.

ROSO CAÑADILLAS, Raquel. Autoría y participación imprudente. Estudios de derecho penal. Editorial comares. Granada. 2002.

ROXIN, Claus. Derecho Penal. Segunda edición. Civitas. Madrid. 1997

ROXIN, Claus. Autoría y dominio del hecho en el derecho penal. Séptima edición. Marcial Pons. Madrid-Barcelona. 2007.

SALAZAR MARÍN, Mario. Autor y partícipe en el injusto penal. Segunda edición. Editorial Ibáñez. Bogotá. 2011.

SAENZ CANTERO CAPARRÓS, José. La codelincuencia en los delitos imprudentes en el código penal de 1995. Marial Pons. Madrid- Barcelona. 2001.

SCHUNEMANN, Bernd. Aspectos puntuales de la dogmática jurídico penal. Grupo editorial Ibáñez. Santo Tomás. Bogotá. 2007.

SILVA SANCHEZ. Jesús María. Fundamentos del derecho penal de la empresa. Editoriales Edisofer y Bdf. Buenos Aires. 2013.

SILVA SANCHEZ, Jesús María; autoría delictiva en las estructuras organizadas. En SILVA SANCHEZ, Jesús María; SUAREZ GONZALEZ, Carlos. La dogmática Penal Frente a la criminalidad en la administración pública. Biblioteca de autores extranjero 7. Grijley. Instituto peruano de ciencias sociales. Lima. 2001.

SUAREZ SANCHEZ, Alberto. Autoría. Externado de Colombia. Bogotá. 2007.

TERRAGNI, Marco Antonio. El delito culposo en la praxis médica. Rubinzal culzoni editores. Buenos Aires. 2003.

TERRAGNI, Marco Antonio. Autor, partícipe y víctima en el delito culposo. Rubinzal-culzoni editores. Buenos Aires. 2008.

VELÁSQUEZ VELÁSQUEZ, Fernando. Manual de Derecho Penal parte General. Quinta edición. Ediciones jurídicas Andrés Morales. Bogotá. 2013.

VELÁSQUEZ VELÁSQUEZ, Fernando. Derecho Penal. Parte General. Cuarta Edición. Comlibros. Medellín. 2009.

WELZEN, Hans. Derecho Penal parte general. Roque Depalma editor. Buenos Aires.1956.

ZAFFARONI, Eugénio Raúl; ALAJIA, Alejandro; SLOKAR, Alejandro. Manual de Derecho Penal parte general. Segunda edición. Ediar y Temis. Buenos Aires. 2006.

JURISPRUDENCIA.

CORTE SUPREMA DE JUSTICIA, Sala Penal. Sentencia del 2 de Septiembre de 2009 (M.P. Yesid Ramírez Bastidas).

CORTE SUPREMA DE JUSTICIA, Sala Penal. Sentencia del 24 de Abril de 2003.

CORTE SUPREMA DE JUSTICIA, Sala Penal. Sentencia del 6 de Agosto de 2003.

TRIBUNAL SUPERIOR DE ESPAÑA, Sentencia Agosto 11 de 2000.

COLOMBIA. CORTE SUPREMA DE JUSTICIA. Sala Penal. Sentencia del 2 de Septiembre de 2009. M.P. Yesid Ramírez Bastidas.

COLOMBIA. CORTE SUPREMA DE JUSTICIA, Sala Penal. Sentencia del 24 de Abril de 2003.

COLOMBIA. CORTE SUPREMA DE JUSTICIA, Sala Penal. Sentencia del 6 de Agosto de 2003.

COLOMBIA CORTE SUPREMA DE JUSTICIA. Sala penal. Sentencia del 25 de Abril de 2002. Rad. 12191, M.P.: Carlos Eduardo Mejía Escobar.

COLOMBIA. CORTE SUPREMA DE JUSTICIA, Sala Penal. Sentencia del 27 de Julio de 2006. Rad. 25536. M. P. Alvaro Orlando Pérez Pinzón.

COLOMBIA. CORTE SUPREMA DE JUSTICIA. Sala Penal. Sentencia del 8 de Julio de 2003. M.P. Carlos Augusto Gálvez Argote.

ESPAÑA. TRIBUNAL SUPERIOR DE ESPAÑA, Sentencia Agosto 11 de 2000.

Páginas web:

REAL ACADEMIA ESPAÑOLA RAE. En la siguiente dirección web: http://lema.rae.es/drae/?val=administrar. Consultada el 25 de Junio de 2015.

www.ingramcontent.com/pod-product-compliance
Lightning Source LLC
Chambersburg PA
CBHW052344220526
45465CB00003BA/950